本书系北京市教育科学"十四五"规划 2022 年度青年专下高校学生认知负荷影响因素与优化控制策略研究"（CHCA

智慧学习环境下
学习者认知负荷影响因素
与优化控制策略

王　月●著

黑龙江大学出版社
HEILONGJIANG UNIVERSITY PRESS
哈尔滨

图书在版编目（CIP）数据

智慧学习环境下学习者认知负荷影响因素与优化控制
策略 / 王月著. -- 哈尔滨：黑龙江大学出版社，
2023.9（2025.4重印）
ISBN 978-7-5686-0934-0

Ⅰ. ①智… Ⅱ. ①王… Ⅲ. ①学习心理学－研究
Ⅳ. ① G442

中国国家版本馆 CIP 数据核字（2023）第 034964 号

智慧学习环境下学习者认知负荷影响因素与优化控制策略
ZHIHUI XUEXI HUANJING XIA XUEXIZHE RENZHI FUHE YINGXIANG YINSU YU YOUHUA
KONGZHI CELÜE
王 月 著

责任编辑　刘　岩
出版发行　黑龙江大学出版社
地　　址　哈尔滨市南岗区学府三道街 36 号
印　　刷　三河市金兆印刷装订有限公司
开　　本　720 毫米 ×1000 毫米　1/16
印　　张　15.25
字　　数　246 千
版　　次　2023 年 9 月第 1 版
印　　次　2025 年 4 月第 2 次印刷
书　　号　ISBN 978-7-5686-0934-0
定　　价　64.80 元

本书如有印装错误请与本社联系更换，联系电话：0451-86608666。

前　言

近年来,随着人工智能、物联网、大数据、5G、云计算等技术的发展,以信息技术为依托的智慧学习环境的应用受到教育界的高度重视。《新一代人工智能发展规划》《教育信息化 2.0 行动计划》在国家政策高度上阐明了构建智慧学习环境,以智能技术促进教育体系创新的重要性。智慧学习环境能够为学习者提供更高效的学习方式和良好的学习体验,并实现个性化学习。在利用智慧学习环境促进高效学习的同时,研究者发现智慧学习环境中技术设备众多,元素复杂,如果使用不当,可能对学习者的认知系统造成负担,这种负担称为认知负荷。认知负荷是影响学习效果的重要因素,复杂学习环境下认知负荷过高或过低都会显著影响学习效果。然而,当前智慧学习环境的研究过多侧重于技术层面,忽略了从学习者认知负荷角度对智慧学习环境下的教学效果进行的深度思考与研究,这是提升智慧教学效果的真正困境所在。由此,笔者关注到要从根本上提高智慧学习环境下的教学效率,需要发掘在智慧学习环境下哪些因素影响着学习者的认知负荷,并对其进行有针对性的优化控制。

关于智慧学习环境下学习者认知负荷问题的系统性探究是一次比较有创新性的尝试,且具有一定的前瞻性。一方面,近年来国内外研究者都对智慧学习环境以及智慧教育进行了一系列积极的探索,在探索智慧教育给教育教学带来的创新和利好的同时,研究者也开始关注到智慧学习环境下学习者认知负荷的问题,但相关研究总体上还缺乏深入性和系统性;另一方面,与智慧学习环境和智慧教育相比,虽然认知负荷的相关研究拥有更长的历史,但是,关于在深度融合信息技术的全新智慧学习环境下的认知负荷问题的研究尚显缺乏,难以从认知负荷的角度为提高智慧教学的效果提供有效的支撑,因此,笔者探究智慧学习环境下学习者认知负荷的影响因素,明确影响权重及影响路径,提出认知负荷优化控制策略,并提供实际教学案例,以期从智慧学习环境中学习者的认知特征入手提高智慧教学效果,充分释放信息化及智慧教育所带来的课堂育人红利。

但是书中的研究内容只是初步的,仍然存在进一步探索和完善的空间,希望读者、教育信息化领导者和研究者,共同关注智能环境下认知负荷问题,将相关研究不断推向深入。

目 录

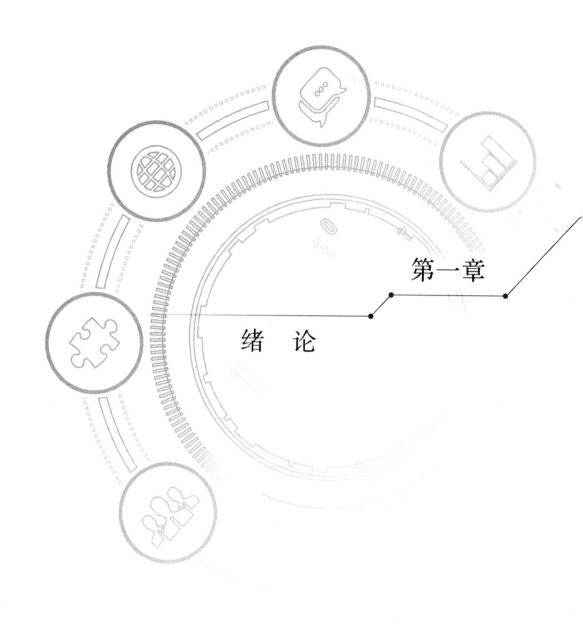

第一章

绪　论

智慧学习环境下学习者认知负荷影响因素与优化控制策略

第一节　研究缘起

一、智慧学习环境应用于教学的政策驱动

随着人工智能、物联网、大数据、云计算、深度学习算法等新兴信息技术的发展，国际和国内在教育领域都已从传统的信息技术时代向智慧时代转变。2009 年 IBM 发布了名为"Education for a Smarter Planet：The Future of Learning"的报告，强调了开放平台、云计算在未来教育中的重要作用，并率先启动智慧教育计划，同时在此基础上强调了智慧教育发展的路径和智慧教室在未来的广泛应用前景。① 多个国家也将智慧教育的发展和智慧学习环境的构建作为重要的教育发展战略。韩国发布了国家智慧教育战略，其主要任务是改革教育体制和改善教育基础设施。② 马来西亚则实施了智能教育项目《马来西亚智能学校实施计划》，政府支持的智能学校旨在改善教育体系，以实现国家教育理念，并为迎接新的挑战准备劳动力。③ 美国出台了五项国家教育技术规划，新加坡则先后发布了四个关于教育信息化的国家计划。④ 在国际化浪潮的促使下，我国亦掀起了关于智慧教育以及智慧学习环境构建的浪潮。2017 年 7 月，国务院印发了《新一代人工智能发展规划》，规划中指出要充分利用智能技术促进人才培养模式以及教学方法的改革，构建基于智能学习的创新教育体系，努力建设智能校园、智慧管理体系，

① RUDD J, DAVIA C, SULLIVAN P. Education for a Smarter Planet：The Future of Learning[R/OL]. (2009-09-10)https://www. redbooks. ibm. com/redpapers/pdfs/redp4564. pdf.

② MAYER R E, STULL A, DE LEEUW K, et al. Clickers in college classrooms：Fostering learning with questioning methods in large lecture classes[J]. Contemporary Educational Psychology, 2009, 34(1)：51-57.

③ CHAN F M. Developing Information Literacy in the Malaysian Smart Schools：Resource-Based Learning as a Tool to Prepare Today's Students for Tomorrow's Society[C]. Proceedings of the 31st Annual Conference of the International Association of School Librarianship. Seattle：WA, IASL, 2002.

④ 贺斌. 智慧教育视域中差异化教学模式研究[D]. 上海：华东师范大学, 2018.

利用大数据开发智能的在线学习教育平台和教育分析系统,并建立以学习者为中心的学习环境,促进日常教育和终身教育的个性化定制。① 2018 年,《教育信息化 2.0 行动计划》也提出,要顺应智能环境下教育的发展路径,构建智慧学习支持环境,推进技术开发与实践应用。② 由此可见,智慧教育是未来教育的发展范式,智慧教育环境或智慧教室是未来学习发生的重要场所,它将被广泛应用于教育领域以促进教育深层改革,提高教学效果。因此,关注智慧教育以及智慧学习环境的发展,是教育学领域未来的研究趋势之一。

二、智能时代下认知负荷研究发展的新诉求

2018 年 9 月,由北京师范大学和国际认知负荷理论协会联合发起的第十一届国际认知负荷理论大会(International Cognitive Load Theory Conference 2018,ICLTC 2018)在北京召开,会议期间,智能时代的认知负荷发展与应用受到学者的广泛关注和深入讨论。学者祝智庭等人指出智能时代的教育应以移动通信、SNS、高速宽带网、物联网、学习分析、大数据分析、3D 打印等技术作为支撑,设计开发各类新型的、能适应特定教学需求的智慧学习环境,在该种智慧学习环境中应能充分利用计算系统或其他智能设备分担和替代大量机械的、烦琐的、简单重复的学习任务,通过此种方式释放学习者的心理资源,使得学习者能够将更多心理资源投入到更为复杂、更有价值、更需智慧的学习任务和活动之中③,智慧学习环境应用的最终目的是促进个性化学习的发展和有效学习的发生。但智慧学习环境具有复杂性、技术的先进性,对学习者来说还比较陌生,这些特质使得其与以往所使用的教学环境有所不同,因此应该对智慧学习环境中的资源加以合理的整合和

---

① 国务院. 国务院关于印发新一代人工智能发展规划的通知[EB/OL]. (2017 - 07 - 20) https://www.gov.cn/zhengce/content/2017-07/20/content_5211996.htm.
② 中华人民共和国教育部. 教育部关于印发《教育信息化 2.0 行动计划》的通知[EB/OL]. (2018-04-18)http://www.moe.gov.cn/srcsite/A16/s3342/201804/t20180425_334188.html.
③ 祝智庭,贺斌. 智慧教育:教育信息化的新境界[J]. 电化教育研究, 2012, 33(12):5-13.

利用,引导学习者将心理资源应用于有效的认知加工,提高智慧学习的效率。

要衡量智慧学习环境下学习者心理资源分配以及认知加工情况,认知负荷是一项合适且重要的指标,对学习者学习过程中的认知负荷进行测量和监控是促进有效学习发生的重要方式。认知负荷的相关研究也随着学习环境的变迁而发展,过往研究者提出了关于传统学习环境、多媒体学习环境、网络学习环境等环境下的学习者认知负荷影响因素,而智慧学习环境是一种新兴的复杂学习环境,它与传统学习环境、多媒体学习环境、网络学习环境等都存在差异,其中包含了大量技术和设备,因此,现有的认知负荷影响因素不能在智慧学习环境下完全推广和复制,其借鉴意义有限。与此同时,在智慧教学实践中存在智慧化资源滥用、资源机械性叠加、课堂教学设计不足、教学设计与技术的使用不匹配等问题,这些问题都可能造成资源的冗余,从而对学习者认知系统造成不必要的认知负荷,而究竟如何避免不必要的认知负荷的产生?需要根据现有的经典的认知负荷理论,结合智慧学习环境的具体特征,探究智能时代下的认知负荷问题,发展和丰富认知负荷理论,寻找智慧学习环境下影响学习者认知负荷产生的关键因素,然后根据智慧学习环境下认知负荷影响因素的根源去寻找优化控制认知负荷的有效方式和策略,合理配置技术资源,善用技术工具,进而促进学习者更好地利用智慧学习环境,丰富学习体验,提高学习效率,实现个性化学习。

三、完善认知负荷影响因素的现实需要

促使本书中的研究能够开展的重要支撑是现有研究成果,但与此同时针对智慧学习环境下学习者认知负荷影响因素问题的相关研究又存在不足,因此需要进一步完善和发展。关于认知负荷影响因素的研究,较为成熟的是:1991 年 Chandler 等和 2005 年 Van Merriënboer 等在认知负荷理论中提出的影响因素,主要包括学习材料的组织形式、学习材料的呈现方式、学习

材料的复杂性和学习个体先备知识①②；Paas 等于 1994 年提出的认知负荷二维结构模型中提到的认知负荷影响因素，包括任务/环境特征、学习者因素和两者的交互③；2014 年，学者 Mayer 提出的多媒体学习与认知理论模型，基于视听双通道等理论阐释了多媒体学习的认知规律④。上述研究成果都为本书提供了充分的理论基础并具有一定的借鉴意义。但智慧学习环境与传统学习环境不甚相同，现有的影响因素未考虑到智慧学习环境中技术设备的使用所产生的新的交互、学习内容呈现方式的差异、教学法使用的差异等问题，且到目前为止，为数不多的研究者能够结合智慧学习环境的自身特征，系统地探究该环境下的学习者认知负荷影响因素，因此应对该领域给予关注。

以上三方面是笔者进行智慧学习环境下学习者认知负荷影响因素和优化控制策略研究的缘由。

第二节　研究问题

自从 20 世纪 80 年代认知负荷理论被提出以来，它被广泛应用在教育教学的各个领域。关于认知负荷的研究主题也随着信息技术的发展而产生变化，其涉及不同技术使用引发的认知负荷问题、教学媒体和资源的利用与认知负荷的关系问题、课堂互动元素与认知负荷的关系问题，以及基于教学设计优化控制认知负荷等多个领域。认知负荷理论框架一直承认学习环境的作用，学者 Paas 等曾指出认知负荷与物理环境之间存在交互关系，因此验证

---

① CHANDLER P, SWELLER J. Cognitive load theory and the format of instruction[J]. Cognition and Instruction, 1991,8(4): 293-332.

② VAN MERRIËNBOER J J, SWELLER J. Cognitive load theory and complex learning: Recent developments and future directions[J]. Educational Psychology Review, 2005, 17(2): 147-177.

③ PAAS F G, VAN MERRIËNBOER J J. Variability of worked examples and transfer of geometrical problem-solving skills: A cognitive-load approach[J]. Journal of Educational Psychology, 1994, 86(1): 122-133.

④ MAYER R E. Cognitive Theory of Multimedia Learning[M]//MAYER R E. The Cambridge Handbook of Multimedia Learning. Cambridge: Cambridge University Press, 2014.

特定的物理环境能够帮助学习者减少无效的认知负荷,从而取得更好的学习效果是重要课题。[①] 学者焕彩熙等的研究成果表明物理学习环境会对认知负荷产生影响,并认为它是教学有效性的决定因素。[②]

关于学习环境对认知负荷的影响研究,从传统学习环境到多媒体学习环境再到今天的智慧学习环境,有着一脉相承的延续。其中,探究不同学习环境下学习者认知负荷的影响因素,是优化控制认知负荷和提高学习效果的根基。关于认知负荷影响因素的研究,不同学者从不同角度提出了观点,对传统学习环境和多媒体学习环境下的认知负荷影响因素都有较为丰富和深入的研究,但因智慧学习环境是一种新兴的学习环境,关于智慧学习环境下认知负荷影响因素的研究还不甚充足。而相较于传统学习环境和多媒体学习环境,智慧学习环境有其自身特有的技术复杂性,现有的关于其他学习环境下的认知负荷影响因素不能完全复制到智慧学习环境中。因此,笔者试图基于过往的认知负荷相关研究,重新探究智慧学习环境下的学习者认知负荷影响因素,来填补该领域现有研究的不足。研究的整体逻辑体系是首先明确智慧学习环境下影响学习者认知负荷的因素,接着根据影响因素提出优化控制策略,所提出的优化控制策略是与认知负荷的影响因素相对应的。经过使用研究所得出的认知负荷优化控制策略,最终能够达到提高学习效率的目的。简言之,研究要解决的问题即是通过优化控制认知负荷,提高智慧学习环境下的教学效率。围绕这一逻辑体系,本书重点探讨以下五个基本问题:

(1)认知负荷理论在教学中的应用主要经历了怎样的发展历程?其对于研究智慧学习环境下的认知负荷影响因素具有怎样的作用和借鉴意义?

认知负荷理论在教学中的应用发展主要经历了传统认知负荷理论(Cognitive Load Theory, CLT)、多媒体学习认知理论(Cognitve Theory of

---

① PAAS F G, VAN MERRIËNBOER J J. Instructional control of cognitive load in the training of complex cognitive tasks[J]. Educational Psychology Review, 1994, 6(4): 351-371.

② 焕彩熙,范梅里恩伯尔,帕斯. 物理环境对认知负荷和学习的影响:认知负荷新模型探讨[J]. 熊媛,译. 开放教育研究, 2018, 24(1): 54-67.

Multimedia Learning，CTML）、多媒体学习认知情感理论（Cognitive Affective Theory of Learning with Media，CATLM）、多媒体学习认知-情感整合理论（ICATLM）。至今，智慧学习环境下的认知负荷理论尚未形成，但现有研究者已经指出了关注智慧学习环境下学习者认知负荷的重要性。研究智慧学习环境下学习者的认知负荷影响因素，要建立在过往研究的理论基础上，再结合智慧学习环境的特征对新的认知负荷影响因素进行构建。

（2）智慧学习环境下影响学习者认知负荷的因素有哪些？

本书将采用质性与量化研究相结合的方法，探究智慧学习环境下学习者认知负荷的影响因素，其中包括内部认知负荷影响因素、外部认知负荷影响因素以及关联认知负荷影响因素，并确定各个影响因素的具体含义和测量指标。

（3）智慧学习环境下各认知负荷影响因素对认知负荷的影响权重是多少？各认知负荷影响因素之间的影响权重是多少？

结合智慧学习环境下学习者认知负荷影响因素的研究结论，探究各因素与认知负荷之间以及各类因素之间的结构与定量关系，以明确各类影响因素对认知负荷的影响路径和影响权重。

（4）基于智慧学习环境下学习者认知负荷影响因素对认知负荷的影响权重，有什么相应的认知负荷优化控制策略以提高学习效果？

本书基于问题(3)所得出的智慧学习环境下学习者认知负荷影响因素对认知负荷的影响权重，分别针对各个影响因素提出相应的优化控制策略，以提高智慧学习环境下的教学效果。

（5）本书所提出的认知负荷优化控制策略是否具有有效性？

本书采用实验的方法，对提出的智慧学习环境下学习者认知负荷优化控制策略的效果——进行了检验，以确保提出的优化控制策略具有有效性和实践性。

第三节 研究意义

　　学习者认知负荷一直是影响学习效果的重要指标,研究者也在持续不断地探索不同学习环境对学习者认知负荷的影响。随着人工智能、物联网、大数据等技术的发展,智慧学习环境在教育教学中得到广泛应用,也将成为未来教学的重要场所,但由于智慧学习环境的应用时间尚短,目前研究者对智慧学习环境下学习者认知负荷影响因素的探究较少,也缺乏针对智慧学习环境下认知负荷的优化控制策略的系统研究,因此,笔者基于现有的认知负荷相关研究,探究智慧学习环境下的认知负荷问题,具有一定的理论意义与实践意义。

一、理论意义

(一)丰富和发展了智慧时代的认知负荷理论

　　过往研究系统地探究了学习者认知负荷的影响因素,笔者基于现有的研究成果,重新梳理了认知负荷的概念、种类、影响因素、测量方法等,并结合智慧学习环境的具体特征及教学现状,探究了智慧学习环境下认知负荷的影响因素。这既是对智慧时代下的认知负荷理论的发展与丰富,也为当前国内智慧教育的实践提供了一定的理论指导。

(二)再构了智慧学习环境下的学习者认知负荷影响因素

　　传统的认知负荷影响因素不能完全复制给智慧学习环境,因此,本书的一项重要任务就是再构智慧学习环境下的学习者认知负荷影响因素。所得结论能够应用于智慧学习环境,是继多媒体学习认知理论后,认知负荷结合具体环境的又一发展,为今后探究智慧学习环境下的认知负荷问题提供参

考和依据。

（三）创造性地提出了智慧学习环境下的认知负荷优化控制策略

认知负荷的优化控制策略一直受到研究者的广泛关注，但针对智慧学习环境的认知负荷优化控制策略研究相对缺乏。笔者在明确智慧学习环境的特征后，结合其中的技术和功能，提出认知负荷的优化控制策略，能够更好地为认知负荷优化控制策略的研究提供补充和延展。

二、实践意义

（一）为智慧学习环境下的教学设计提供参考和依据

首先，笔者再构了智慧学习环境下的学习者认知负荷影响因素，所提出的影响因素理论基础扎实、学理清晰，是探究智慧学习环境下教育教学的重要抓手。其次，笔者对各影响因素与认知负荷进行了基于结构方程模型的定量研究，所得结论是后续优化控制策略的参考和依据。教学者可以依据优化控制策略进行教学设计，并在具体的教学实践中应用与落实。本书兼顾学理性和操作性，是理论研究与应用实践的有机结合，能够在具体的学科教学中得到推广。

（二）从优化控制认知负荷的角度提高智慧学习环境下的教学效果

笔者针对智慧学习环境下学习者认知负荷影响因素提出了相应的优化控制策略。所提出的认知负荷优化控制策略，既具有坚实的理论基础，又经过实验验证了其有效性，因此，能够在教学实践中得到具体应用。策略的使用能够合理地优化控制学习者在智慧学习环境中学习时所产生的认知负荷，从而提高智慧教学的效果。

第四节　研究方法

笔者采用质性与量化相结合的研究方法,从研究的目的性、可行性以及研究者的研究能力三方面考量,主要采用以下四种研究方法:

一、文献研究法

文献研究法又称历史资料研究法,它是通过对文献和资料进行合理的收集、整理与运用,形成对事实的科学认识的研究方法,它是学术研究中较为常见的一种方法。文献研究法具有抽样容量大、成本低等特点,即使研究者不能与研究对象亲自接触,也能够对其形成较为客观和深刻的认识。该方法一般包括文献的搜集、摘录和分析三个环节。

二、访谈法

访谈是一种研究性交谈,访谈者通过谈话的方式从被访谈者处获得文本资料。[①] 访谈的类型一般分为结构化访谈和非结构化访谈两种。结构化访谈通常用于量化研究中,而非结构化访谈多在质性研究中被采用,而本书采用的是介于两者之间的半结构化访谈。[②] 半结构化访谈既具有结构化访谈的严谨性,又具有非结构化访谈的灵活性,能够基于事先预设的访谈提纲与研究对象进行较为深入的交流,以此挖掘有效的研究文本和数据。访谈时长和篇幅没有具体限制,以访谈内容饱和且能涵盖所要确定问题的有效信息为标准,达到标准后即可结束访谈。

---

① 陈向明. 质的研究方法与社会科学研究[M].北京:教育科学出版社,2000.
② 苟费尔,布林克曼. 质性研究访谈[M].范丽恒,译.北京:世界图书出版公司北京公司,2013.

三、问卷调查法

问卷调查法是一种经济省时的易操作的研究方法。利用问卷调查法可以在相对较短的时间内获取较为丰富的被研究对象的相关信息。笔者多次使用问卷调查法以获得多种研究数据,例如智慧学习环境下学习者认知负荷影响因素、认知风格、学习动机等。

四、对照实验法

对照实验法是一种科学实验方法,通常分为两个或两个以上组别,其中一个组别为"对照组",是比较的标准,另外的组别为"实验组",实验组与对照组仅有一个条件不同,其他的条件均一致。① 笔者将在第七章对智慧学习环境下学习者认知负荷的优化控制策略进行实验研究时使用对照实验法。

第五节 基本结构

本书共分为七个部分:

第一章绪论,主要阐述本书的研究缘起、研究问题、研究意义、研究方法并提出研究的基本框架,为本书勾勒出一幅全景图。

第二章文献综述,主要介绍智慧学习环境的概念及内涵,并给出本书中所使用的智慧学习环境的具体定义,概述智慧学习环境下的教学现状等。认知负荷的相关研究,包括认知负荷的概念、影响因素、测量方法、优化控制等,以及现有的关于智慧学习环境下学习者认知负荷影响因素的研究。

第三章理论基础,主要介绍了支撑本书的相关理论基础,包括认知负荷

---

① 李庆臻. 科学技术方法大辞典[M]. 北京:科学出版社, 1999.

理论、多媒体学习认知理论和情景认知与学习理论。研究从理论基础的基本内容着手,再提炼出各理论基础对本书的作用及启示。

第四章智慧学习环境下学习者认知负荷影响因素的模型构建,首先基于前述的文献综述和理论基础部分进行了访谈提纲的设计,并实施了访谈,接着采用扎根理论的方法对访谈所获得的文本内容进行编码分析,最终确定智慧学习环境下学习者认知负荷的影响因素,最后,采用建立智慧学习环境下学习者认知负荷影响因素理论模型的方法,对各影响因素与认知负荷以及各影响因素间的逻辑关系建立理论模型。该模型也将是后续进行定量分析的基础。

第五章智慧学习环境下学习者认知负荷影响因素模型验证,首先针对前面得出的学习者认知负荷影响因素进行问卷设计,将每一个影响因素通过测量指标进行量化,并具体阐释其含义。问卷题目确定后采用探索性因子分析的方法对题目进行聚类,最终确定影响因素的测量变量,并对问卷进行信度和效度的检验,确保问卷的准确性。接着利用调查问卷所得数据建立结构方程模型,该模型是对第四章中构建的模型进行验证的模型,同时能够阐释各变量间的数量关系以及影响路径。

第六章智慧学习环境下学习者认知负荷优化控制策略是基于内部认知负荷、外部认知负荷以及关联认知负荷的影响因素提出相关的策略,优化控制策略的使用要基于第五章中确定的定量关系。

第七章智慧学习环境下学习者认知负荷优化控制策略实验研究设计了六个实验,分别对第六章中提出的优化控制策略的有效性进行验证。

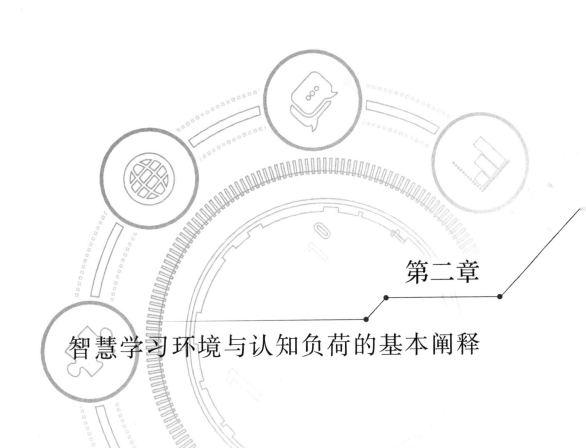

第二章

智慧学习环境与认知负荷的基本阐释

第一节 智慧学习环境的基本阐释

一、智慧教育的技术支撑——智慧学习环境

智慧学习环境是智慧教育的重要支撑。学者黄荣怀在其《智慧教育的三重境界:从环境、模式到体制》的研究中,将智慧学习环境视为智慧教育的第一重境界。① 从技术的视角来看,智慧学习环境是智慧教育的技术支撑。智慧学习环境需要人工智能、云技术、物联网等技术的支撑,这使得学习者不用去学习如何解决问题,而是学习在真实的情境下如何去采取怎样的行动。智慧学习环境能够做到无缝连接、情境感知、智能分析以及提供虚实结合的学习空间(如混合式学习)。② Koper 提出智慧学习环境的定义是能提供丰富的数字、情境感知和自适应设备的物理环境,以促进更好更快地学习。③ 智慧学习环境是新技术、新理念、新应用相互作用下的产物。从人机协作互动的角度出发,智慧学习环境具有感知学习情境、识别学习者特征、推送相关学习资源、记录学习过程和测评学习成果等重要功能。智慧学习环境能够较好地发挥先进技术的优势使教师处于主导地位,教师能够集中精力进行教学设计、学习指导、操作示范、答疑解惑、启发思维等活动,而学习者处于智慧学习环境的中心位置,学习者能够更多地参与到解决问题、协作学习、设计项目、小组讨论和生生互评等深交互的活动之中。如前文所述,智慧学习环境具有多种样态,且在具体教学实践中应用得更为广泛,因此本书是针对智慧学习环境进行的研究,下面将针对智慧学习环境做具体介绍。

---

① 黄荣怀. 智慧教育的三重境界:从环境、模式到体制[J]. 现代远程教育研究, 2014(6): 3-11.

② MAYER-SCHÖNBERGER V, CUKIER K. Big data: A revolution that will transform how we live, work, and think[M]. Boston: Houghton Mifflin Harcourt, 2013.

③ KOPER R. Conditions for effective smart learning environments[J]. Smart Learning Environments, 2014, 1(1): 5.

二、智慧学习环境的典型样态——智慧教室

　　智慧教室其实是智慧学习环境的一种典型物化。[①]"智慧教室"这一概念最早出现于 1988 年,名为"Smart-Classroom"。[②] 学术界认为,目前智慧学习环境的定义和概念尚未形成统一的结论,智慧教室环境的定义也并未统一,通常是由智慧学习环境衍生的。具有代表性的观点主要有学者黄荣怀等提出的:智慧教室是一种典型的智慧学习环境,它是一种能够感知学习情景、识别学习者特征、提供合适的学习资源和便利工具、自动记录学习过程和评测学习成果,以促进学习者有效学习的学习场所或活动空间。[③] 学者 Naidu 等则认为智慧教室是配备了基于互联网的最新工具和技术的教室。各种网络工具能被用来丰富学习体验,增强学习效果。智慧教室环境还可以根据学生的理解水平向他们提供适当的内容,其学习分析功能也将根据评估和测试的结果向学生提供学业方面的建议和改进意见。[④] 虽然智慧教室的概念尚未得到统一定论,但基于现有研究成果,能够总结出其相同的重要特征:第一,情境感知,情境感知在智慧教室环境中扮演着重要的角色,它能探索不同的活动场景和信息,感知学习者的学习行为,获取学习者操作、位置、姿势、情感等数据,为学习者提供适当的学习服务[⑤];第二,资源有效获取,智慧教室环境能够预测学习者的需求,提供可视化和透明的学习资源和服务[⑥];第三,强交互性,智慧教室环境应支持实时的教学互动和人机互动,

　　① 黄鑫睿. 智慧教室环境下小学生课堂学习投入度及影响因素研究[D]. 武汉:华中师范大学, 2016.
　　② 张亚珍, 张宝辉, 韩云霞. 国内外智慧教室研究评论及展望[J]. 开放教育研究, 2014, 20(1):81-91.
　　③ 黄荣怀, 胡永斌, 杨俊锋, 等. 智慧教室的概念及特征[J]. 开放教育研究, 2012, 18(2):22-27.
　　④ NAIDU V R, SINGH B, HASAN R, et al. Learning Analytics for Smart Classrooms in Higher Education[J]. IJAEDU-International E-Journal of Advances in Education, 2017, 3(8):440-446.
　　⑤ KIM S, SONG S M, YOON Y I. Smart learning services based on smart cloud computing[J]. Sensors, 2011, 11(8):7835-7850.
　　⑥ SCOTT K, BENLAMRI R. Context-aware services for smart learning spaces[J]. IEEE Transactions on Learning Technologies, 2010, 3(3):214-227.

并记录互动数据,为教师做出决策和学生自我评估提供依据,这是智慧教室环境的一项重要功能,同时该功能能提高学习者的效率、参与性、灵活性、适应性和反思性①;第四,无缝连接,智慧教室环境中的设备能随时无缝连接并提供连续服务;第五,全程记录和数据挖掘,该环境能记录学习路径数据,进行深度挖掘和分析,提供合理的评估、建议和推送点播服务,也能通过互动录播系统,全程实时记录师生行为、状态、表情②;第六,丰富学习体验,智慧教室环境中的学习者能沉浸在技术丰富的环境中并获得多向互动的学习体验、丰富的学习乐趣。③

在对过往研究的综述中,智慧教室环境的概念可能还略显抽象和概念化,同时多注重对智慧环境功能和特质的描述,因此,笔者总结智慧教室环境中的技术设备,这样能使智慧教室环境更加具象化。技术设备是智慧教室环境区别于传统学习环境的必要元素,智慧教室环境中的技术设备分为硬件设备和软件设备。硬件设备是基于普适计算的人工制品,包括但不限于人工智能产品,例如基于可穿戴技术的眼镜、背包等。这些硬件设备应该具有更小、更便携的特征,并能支持学习者随时随地使用设备进行学习。一些硬件比如智能手机、笔记本电脑等应具有识别和收集学习数据的功能,使学习者能够进行上下文相关的无缝学习。软件设备应具备适应性和灵活性,其重点在于如何获取、分析和引导学习数据,以此来改进教学,从而支持个性化和适应性的学习。笔者结合相关文献总结出智慧教室环境中具有的硬件设备和软件设备,如表2-1所示。这些硬件设备和软件设备并不是独立运行的,不同设备的数据应能实现共享、访问和操作交互,并根据不同的学习需求和教学模式进行整合使用,为学习者提供精准的学习服务。

---

① SPECTOR J M. Conceptualizing the emerging field of smart learning environments[J]. Smart Learning Environments, 2014, 1:1-10.

② GROS B. The design of smart educational environments[J]. Smart Learning Environments, 2016, 3:1-11.

③ 黄荣怀,杨俊锋,胡永斌. 从数字学习环境到智慧学习环境——学习环境的变革与趋势[J]. 开放教育研究,2012,18(1):75-84.

表 2-1　智慧教室环境中的设备

硬件设备	软件设备
交互式电子白板	线上学习系统
智能课桌	线上学习工具
电子书包	在线资源库
智能手机	社交平台
可穿戴设备	教育游戏
传感器	可视化软件
直播设备	虚拟现实系统
无线网络设备	增强现实系统
投影仪	互动录播系统
录播摄像头	师生交互系统
移动设备	即时反馈系统

三、本书界定的智慧学习环境

　　将上述智慧教室环境界定为本书的智慧学习环境是符合当前教学现状的,且更能体现对环境的聚焦。本书采用的智慧学习环境——"畅言智慧课堂"的智慧教室,如图 2-1 所示。该智慧学习环境中的硬件设备主要包含电脑、投影仪、交互式电子白板、录播摄像头、个人移动终端(包括教师端和学生端)、移动课桌椅等;软件设备主要包括在线交互系统、即时反馈系统、游戏化教学软件、AR(Augmented Reality,增强现实)/VR(Virtual Reality,虚拟现实)教学软件、课堂行为分析系统、成绩分析系统、在线资源库、作业批改系统等,能够实现游戏化教学、虚拟现实教学、移动学习、合作学习、探究式学习等多种方式的教学模式。

图 2-1　本书中所使用的智慧学习环境

第二节　认知负荷的基本阐释

一、认知负荷的概念

Sweller 于 1988 年将工程学领域的脑力负荷或心理负荷应用于认知科学领域,其后他对认知负荷进行了较为系统的研究。[①] 在此之后,关于认知负荷的研究一直是教育学和心理学领域研究的热点。研究者不断完善认知负荷的相关研究,旨在利用认知负荷理论为教育教学服务,提高教学和学习效率。Sweller 以资源有限论和图式理论为基础,从认知分配的角度定义认知负荷,他认为认知负荷是指在特定的工作时间内,个体认知系统所承受的心理活动总量。笔者采用 Sweller 关于认知负荷的观点,从该定义的角度出发,结合实际教学情景,笔者认为认知负荷的产生需要以下几个条件:第一,学习者要在复杂的学习环境中;第二,学习者要在该环境中完成具体的学习

---

① SWELLER J. Cognitive load during problem solving: Effects on learning[J]. Cognitive Science, 1988, 12(2): 257-285.

任务;第三,该学习任务的完成需要学习者付出相应的脑力劳动和认知资源,否则不能轻而易举习得。

Sweller 等认为认知负荷有三种类型,分别是内部认知负荷(Intrinsic Cognitive Load, ICL),外部认知负荷(Extraneous Cognitive Load, ECL)和关联认知负荷(Germane Cognitive Load, GCL)。[1][2] Sweller 等在教育心理学和教学设计的范畴定义认知负荷,并认为三种认知负荷具有可加性,这意味着学习者在完成学习任务时在工作记忆中所经历的总认知负荷是三种负荷的总和,即认知负荷总量(Total Amount of Cognitive Load, TCL)[3]

内部认知负荷与学习者自身和所要加工信息的复杂程度有关,它不受教学设计等问题的影响,比如学习材料的呈现方式、学习方式等。[4][5] 学习者会在工作记忆中加工学习内容,并与长时记忆中的图式连接整合,如果学习内容对学习者来说过于复杂,学习者就要同时加工数目较多的元素,这就增加了工作记忆的负担,内部认知负荷就会增高。另外,相同的学习任务会对学习者造成不同的内部认知负荷,因为学习者的先备知识不同会影响内部认知负荷。对于学习的领域有较丰富的先备知识的学习者会产生较低的内部认知负荷。因为相关的先备知识以图式的形式存储在长时记忆中,学习者可以自动提取,并整合学习内容与现存图式的关系,建立逻辑联系,因此工作记忆所要加工的信息就会变少,从而减轻工作记忆的负担,降低内部认知负荷,反之,内部认知负荷就会升高。对于给定的任务和给定的学习者,内部认知负荷的大小是无法改变的。[6]

---

① SWELLER J, VAN MERRIENBOER J J G, PASS F. Cognitive architecture and instructional design[J]. Educational Psychology Review, 1998, 10(3): 251-296.

② PAAS F, RENKL A, SWELLER J. Cognitive load theory and instructional design: Recent developments[J]. Educational Psychologist, 2003, 38(1): 1-4.

③ YOUNG M S, BROOKHUIS K A, WICKENS C D, et al. State of science: mental workload in ergonomics[J]. Ergonomics, 2014, 58(1): 1-17.

④ SWELLER J. Cognitive load theory, learning difficulty, and instructional design[J]. Learning and Instruction, 1994, 4(4): 295-312.

⑤ SWELLER J, CHANDLER P. Why some material is difficult to learn[J]. Cognition and Instruction, 1994, 12(3): 185-233.

⑥ SWELLER J. Element Interactivity and Intrinsic, Extraneous, and Germane Cognitive Load[J]. Educational Psychology Review, 2010, 22(2): 123-138.

外部认知负荷也称无效认知负荷(Ineffective Cognitive Load)。不理想的教学设计,不恰当的学习材料组织形式和呈现方式都会增加外部认知负荷,而认知负荷理论旨在减少外部认知负荷。① 不恰当的教学设计、学习材料组织形式和呈现方式无法与长时记忆中的图式建立联系或干扰图式的自动化过程,就会产生无效的认知负荷。例如,当学习材料中既有图片内容又有文字内容,但图片内容和文字内容并没有很好的关联性时,就会给学习者带来额外的认知负荷。或者在移动学习时,学习者需要借助移动设备进行学习,但由于学习者对移动设备的操作不熟悉,这时学习者就需要分一部分认知资源处理移动设备的操作问题,就增加了外部认知负荷。

关联认知负荷也称有效认知负荷,它能促进图式构建和图式自动化过程。也就是说学习者如能够把学习任务归类到他们已知的图式中,就能更容易地记忆和理解学习内容。关联认知负荷不会阻碍学习,而是会促进学习。②③ 当学习者完成学习任务所使用的认知资源有剩余时,剩余的认知资源将会被运用到图式构建中去。相关认知负荷的高低受认知负荷总量、内部认知负荷和外部认知负荷高低的影响,当认知负荷的总量高且内部认知负荷和外部认知负荷低时,就会有较高的关联认知负荷产生。

由于认知资源的有限性,三种认知负荷的总和即认知负荷的总量不能超过工作记忆的容量。④ 因此,为了保证学习的有效性,在教学和学习过程中应尽可能减少内部和外部认知负荷,增加关联认知负荷,并且使总的认知负荷不超出学习者个体能承受的认知负荷总量。⑤

---

① SWELLER J. Evolution of human cognitive architecture [J]. The Psychology of Learning and Motivation: Advances in research and theory, 2003, 43:215-266.

② PASS F, SWELLER J. Implications of cognitive load theory for multimedia learning [M]// MAYER R E. The Cambridge handbook of multimedia learning. Cambridge, MA: Cambridge University Press, 2014:27-42.

③ PAAS F, TUOVINEN J E, TABBERS H, et al. Cognitive Load Measurement as a Means to Advance Cognitive Load Theory[J]. Educational Psychologist, 2003, 38(1): 63-71.

④ BRUNKEN R, PLASS J L, LEUTNER D. Direct measurement of cognitive load in multimedia learning[J]. Educational Psychologist, 2003, 38(1): 53-61.

⑤ 陈巧芬. 认知负荷理论及其发展[J]. 现代教育技术, 2007(9): 16-19,15.

二、认知负荷的影响因素

认知负荷理论认为认知负荷的影响因素主要有学习材料的组织形式、学习材料的呈现方式、学习材料的复杂性和个体的先备知识。

(一)学习材料的组织形式

学习材料的组织形式是指学习材料按照什么顺序、什么逻辑,以及遵循什么样的教学设计呈现在学习者面前。学习材料的组织形式合理会使学习者节约大量的认知资源,直接找到与学习内容相关的信息进行加工,反之,如果学习材料的组织形式不合理,安排混乱,学习者将耗费认知资源筛选掉与学习目标无关的信息,这就占用了本应该加工学习材料的有限的认知资源,导致认知负荷的增加。Sweller 也曾指出,通过多媒体呈现信息时,不必要的多媒体信息会增加工作记忆负荷,从而降低学习效能,因此在设计多媒体学习材料时,应该考虑学习的认知负荷问题。[①] 国内外许多学者都对材料的组织形式对认知负荷产生的影响进行了研究。例如 Ngu 等在研究数学方程求解的教学时发现,解方程对学习者来说是一个高认知负荷的学习任务,并对 71 名中学生进行了实验研究,实验组采用逆向求解的方法组织教学内容,控制组采用两边调平的方法,结果表明调平的方法增加了学习者的认知负荷,而逆向求解的方法减少了学习者的认知负荷。[②] 学者 Carlson 等研究发现,在教学中融合图表能降低学习者的认知负荷,因为图表能够将信息集合在一起。[③] 学者 Hindriana 研究发现在生物实践中使用 V 形图可以降低学

① DIAO Y L, SWELLER J. Redundancy in foreign language reading comprehension instruction: Concurrent written and spoken presentations[J]. Learning and Instruction, 2007, 17(1): 78-88.
② NGU B H, CHUNG S F, YEUNG A S. Cognitive load in algebra: element interactivity in solving equations[J]. Educational Psychology, 2015, 35(3): 271-293.
③ CARLSON R, CHANDLER P, SWELLER J. Learning and understanding science instructional material[J]. Journal of Educational Psychology, 2003, 95(3): 629-640.

习者的认知负荷。① 对于纯文字的组织形式,学习者只能按照文字的顺序逐一阅读,这增加了视觉负担,而融入图表的组织形式能减少学习者的视觉搜索,同时获取多个空间元素,它使用更少的相关信息,表达了空间元素。国内学者王红艳等设计了在网络学习时学习材料无线索引导的组织形式和添加问题线索的组织形式,测量结果表明,问题线索的添加有效地降低了学习者的认知负荷,证明了此种材料组织形式是更优的选择。②

(二)学习材料的呈现方式

学习材料的呈现方式有很多种,比如通过视觉通道呈现、通过听觉通道呈现等。教师根据自身的教学内容或根据不同的学习者特征选择合理的学习材料呈现方式,能有效地降低外部认知负荷。早在1984年学者Baggett就探究了,在通过电影进行教学时声音资源和视觉资源的呈现哪种能降低认知负荷。③ 他研究发现,如果声音资源出现在视觉资源出现后的7秒之内,不会对学习者造成过多的认知负荷,但如果出现在14至21秒,学习效果将会飞快地下降。教学中,经常出现为吸引学生兴趣而加入背景音乐的情况,研究者发现这种行为会增加学习者的外部认知负荷。④ 国内学者李欢欢测量了在通过视频学习时不同的字幕呈现方式对学习认知负荷的影响。⑤ 实验中采用了三种字幕呈现方式:全字幕、关键词字幕和无字幕。实验结果表明添加全字幕的教学视频会增加学习者的外部认知负荷,添加关键词字幕

① HINDRIANA A. The development of biology practicum learning based on vee diagram for reducing student cognitive load[J]. Journal of Education, Teaching and Learning, 2016,1(2), 61-65.

② 王红艳, 皮忠玲, 黄秀莉, 等. 数字学习资源中线索类型对学习效果的影响[J]. 中国远程教育, 2019(9): 43-52,92.

③ BAGGETT P. Role of temporal overlap of visual and auditory material in forming dual media associations[J]. Journal of Educational Psychology, 1984, 76(3): 408-417.

④ MORENO R, MAYER R E. A coherence effect in multimedia learning: The case for minimizing irrelevant sounds in the design of multimedia instructional messages[J]. Journal of Educational Psychology, 2000, 92(1): 117-125.

⑤ 李欢欢. 字幕类型与认知风格对不同知识类型教学视频学习的影响[D]. 武汉:华中师范大学, 2018.

的教学视频能降低学习者的外部认知负荷。学者蒋文君等测量了动画和静图对学习者认知负荷的影响,实验结果表明动画虽然提高了学习者的学习效率,但是增加了学习者的认知负荷。[①] 学者祖丽哈也提·艾合买提的研究成果证明了不同的样例材料及呈现方式对八、九年级学生学习最值新授课知识和最值习题课知识的认知负荷会产生不同影响,不完整样例组的效果比完整样例组的要好。[②]

(三)学习材料的复杂性

学习材料的复杂性指的是学习材料的元素交互性(The Element Interactivity),认知负荷理论认为元素交互性指的是学习者在完成学习任务时利用工作记忆必须同时加工的元素数量。[③] 学习材料的复杂性低意味着材料中需要进行交互的元素数量少,且元素之间的关联性低,交互简单;而学习材料复杂性高则意味着需要利用工作记忆同时加工的元素多,且元素之间关联性强。学习材料的复杂程度可以用学习材料中知识的颗粒度来衡量,知识的颗粒度影响学习者对信息的加工和对知识的构建,知识的颗粒度过大会使交互的元素增多,学习者需要通过工作记忆同时处理较多元素,因此造成过多的认知负荷,而知识的颗粒度过小,学习材料过于简单,则会导致认知的浪费,使学习者失去学习的动力,同样阻碍有效学习,所以合理设计知识的颗粒度,保持学习材料复杂性适中,有利于有效学习的发生。[④] 实验结果也表明,通过知识模块分解并进行逐个呈现的方式学习的学习者,其学习成绩比通过整块知识同时呈现的方式学习的学习者有显著提高。其主要原因在于知识模块的分解减少了需要同时加工的元素数量和元素

---

① 蒋文君,包洪娟,杨振,等. 情绪设计和呈现方式对多媒体学习的影响——行为和眼动研究[J]. 教育现代化, 2019, 6(45):273-278.
② 祖丽哈也提·艾合买提. 不同的样例呈现方式对八九年级学生最值学习的影响研究[D]. 乌鲁木齐:新疆师范大学,2022.
③ CHANDLER P, SWELLER J. Cognitive load while learning to use a computer program[J]. Applied Cognitive Psychology, 1996, 10(2):151-170.
④ 高媛,黄真真,李冀红,等. 智慧学习环境中的认知负荷问题[J]. 开放教育研究, 2017, 23(1):56-64.

交互性,以此降低了内部认知负荷,避免了学习者同时处理错综复杂的交互元素造成的认知负荷超载。分解模块的方式能使学习者对一部分小模块率先完成知识建构,随后即便呈现所有的学习材料,学生也已经通过前期知识的构建在长时记忆中形成图式,因此,减轻了工作记忆的负担,降低了认知负荷。① 有学者指出当学习材料的复杂性过高时,将复杂的知识分解,形成一个一个的小模块并逐个呈现,能避免工作记忆同时加工所有关联性的信息元素。Lee 等将复杂的学习材料进行分割并采用多页面的呈现方式,以此来降低内部认知负荷,并用这种方式来提高学生记忆水平和知识迁移能力。② 学者 Gerjets 等认为当学习材料的样例过于复杂时,将问题结构和解题步骤分解成更小的元素将更有利于学习者学习,因为此种方式不仅能减少学习者工作记忆同时加工元素的数量,也能让各元素之间的联系更清晰、更直接,因此能减少学习者内部认知负荷,促进有效学习。③ 例如 Jarodzka 等通过将学习材料进行切分,优化其组织形式来降低外部认知负荷,通过这种方法进行教学,基础较薄弱的学习者的学习效率得到提高。④

(四)个体的先备知识

先备知识指的是学习者在学习新材料之前,对该领域专业知识的了解,存储在长时记忆中的知识与新知识相关联的图式。在教学设计时应考虑学习者的先备知识,从而促进学习。许多研究者都表示,学习者个体先备知识是内部认知负荷的影响因素之一。研究者 Renkl 等证明了在认知技能获得的早期阶段,应该给学习者学习不完整的样例,这样不会增加其内部认知负

---

① POLLOCK E, CHANDLER P, SWELLER J. Assimilating complex information[J]. Learning and Instruction, 2002, 12(1): 61-86.

② LEE H, PLASS J L, HOMER B D. Optimizing cognitive load for learning from computer-based science simulations[J]. Journal of Educational Psychology, 2006, 98(4): 902-913.

③ GERJETS P, SCHEITER K, CATRAMBONE R. Can learning from molar and modular worked examples be enhanced by providing instructional explanations and prompting self-explanations? [J]. Learning and Instruction, 2006, 16(2): 104-121.

④ JARODZKA H, VAN GOG T, DORR M, et al. Learning to see: Guiding students' attention via a model's eye movements fosters learning[J]. Learning and Instruction, 2013, 25: 62-70.

荷,当学习者获得一定的知识积累,具备一定数量的先备知识时,应该将学习重点放到问题的解决层面,因为随着学习者先备知识的增加,其内部认知负荷在减少,剩余的认知资源可以用来解决外部认知负荷。[①] 先备知识缺乏者适合外部认知负荷少的呈现方式,这样有助于其对学习内容的理解,同时提高迁移成绩。有学者提出在学习之前增加学习者的先行组织者能减少认知负荷,而增加先行组织者就是在提高个体的先备知识。先行组织者指的是在正式进行新知识的学习之前,让学习者学习一些与新知识有关联的引导性材料,相较于具体知识,先行组织者有更高的包容性和抽象性。[②] 在课前给学习者提供先行组织者能降低内部认知负荷。因为先行组织者能为学习者构建一个同化新知识的框架,当学习者学习新任务时,认知结构中已经构建出先前缺乏的先备知识,因此能减少认知负荷。研究者崔宁和方嫒在探究网络学习环境下学习者认知负荷影响因素时表示,学习者先备知识水平是影响网络学习环境下学习者内部认知负荷的最重要的因素之一,因此在学习者进行网络学习之前为学习者提供预先培训,在培训内容中加入先行组织者,这样会让学习者形成关于新任务的智力模型,减少学习者在学习时为理解任务属性付出的认知加工资源,此种方式能够减少学习者的内部认知负荷。[③]

　　本部分总结了基于认知负荷理论的认知负荷影响因素,总结出先前研究者就学习材料的组织形式、学习材料的呈现方式、学习材料的复杂性和个体的先备知识对认知负荷的具体影响和影响方式。探究认知负荷的影响因素能够为教育工作者进行更好的教学设计,并根据学习者个体知识水平差异调整教学策略,合理运用先行组织者等方式促进有效教学,也能为本书提供相应的研究基础。

　　① RENKL A, ATKINSON R K, GROBE C S. How fading worked solution steps works-A cognitive load perspective[J]. Instructional Science, 2004, 32(1/2): 59-82.
　　② 张立新, 张丽霞. 论先行组织者教学技术[J]. 电化教育研究, 1998(5): 122-125.
　　③ 崔宁, 方嫒. 论网络学习环境下学习者认知负荷影响因素及优化策略[J]. 软件导刊·教育技术, 2015, 14(9): 19-22.

三、认知负荷的测量方法

笔者探究智慧学习环境下学习者认知负荷的影响因素，以及各因素间、各因素与因变量认知负荷间的结构和量化关系，其中涉及认知负荷的测量。

（一）主观测量法

主观测量法就是使用结构化问卷对被试在学习过程中的主观感受和学习体验进行测评。该种方法具有操作简单、信效度高的特征，是心理学实验中最常用的方法。Paas 等在 2003 年对认知负荷测量方法的使用情况做了一项统计，统计结果表明，92.3% 的研究者都使用了主观测量法进行认知负荷的测量。[①] 目前被使用较多且具有代表性的主观测量量表主要有 Paas 量表、CH（Cooper-Harper）量表、OW（Overall Workload）量表、SWAT（Subjective Workload Assessment Technique）量表、WP（Workload Profile Index Ratings）量表和 NASA-TLX（NASA Task Load Index）量表。其中 Paas 量表使用较多，该量表在实际操作时仅有两个问题："你认为刚刚的学习材料难度如何？""你完成任务时付出的心理努力是多少？"但近年来也有学者指出 Paas 量表的问题过少，可能会影响测量的准确性。CH 量表和 OW 量表则都采用单一维度进行评价，SWAT 量表采用时间负荷、努力负荷、心理紧张负荷三个维度，WP 量表采用八项心理资源作为评价指标，而 NASA-TLX 量表被认为是灵敏度和可靠性指数更高的量表，它包括六个维度，分别是：脑力需求（Mental Demand, MD）、体力需求（Physical Demand, PD）、时间需求（Time Demand, TD）、努力程度（Effort, EF）、业绩水平（Performance, PE）和受挫程度（Frustration Level, FL），计分在 0—20 之间，并将六个维度采用两两比较的方法，共 15 组，每组的两个维度中选出与总认知负荷更密切的一个维度，再依据每一个维度被选中的总次数确定其在总认知负荷中所占的权重，总认

---

① PAAS F, TUOVINEN J E, TABBERS H, et al. Cognitive Load Measurement as a Means to Advance Cognitive Load Theory[J]. Educational Psychologist, 2003, 38(1): 63-71.

知负荷即是六个维度的加权平均数。①② 此外,还有一系列将三种认知负荷分开测量的相关量表,例如:Gerjets 等在超媒体环境中使用九点量表③;Galy 等以任务难度、时间压力和学习者唤醒程度为认知负荷影响因素提出自评量表④;Klepsch 等采用两个对照组,一组了解认知负荷及其原理,一组不了解,来分别测量三种不同的认知负荷。⑤ 这些方法能将内部认知负荷、外部认知负荷、关联认知负荷区分开来,使认知负荷的测量更加准确。

(二)绩效测量法

绩效测量法属于客观的测量方法,即通过测试学习者完成指定学习任务的绩效或准确率,来判断学习者的认知负荷。该方法的原理主要是假定认知负荷的增加会占用有限的认知资源,因此学习的绩效或准确率就会降低,但此方法往往作为认知负荷测量的补充指标,而不单独使用。

(三)生理指标测量法

生理指标测量法指的是通过监测学习者在完成学习任务时的生理反应来判断认知负荷的大小。学习者认知负荷的升高会引起生理指标的变化,例如心率、皮肤电、眼动、血压、大脑活动等。随着技术工具的发展,生理指标测量法得到广泛的认可和使用,因为生理指标测量法不受个体偏好等因素的控制,其结果更具有科学性和客观性。其中眼动仪因其便携、数据采集

---

① HILL S G, IAVECCHIA H P, BYERS J C, et al. Comparison of four subjective workload rating scales[J]. Human Factors, 1992, 34(4): 429-439.

② NYGREN T E. Psychometric properties of subjective workload measurement techniques: Implications for their use in the assessment of perceived mental workload[J]. Human Factors, 1991, 33(1): 17-33.

③ GERJETS P, SCHEITER K, CATRAMBONE R. Can learning from molar and modular worked examples be enhanced by providing instructional explanations and prompting self-explanations? [J]. Learning and Instruction, 2006, 16(2): 104-121.

④ GALY E, CARIOU M, MÉLAN C. What is the relationship between mental workload factors and cognitive load types? [J]. International Journal of Psychophysiology, 2012, 83(3): 269-275.

⑤ KLEPSCH M, SCHMITZ F, SEUFERT T. Development and Validation of Two Instruments Measuring Intrinsic, Extraneous, and Germane Cognitive Load[J]. Frontiers in Psychology, 2017, 8: 1-18.

准确等特点受到研究者的欢迎。它能排除外部因素的干扰,实时连续地记录学习者的眼球运动情况。在过往的研究中,学者们已经建立起了眼动生理指标与认知负荷大小之间的联系。学者 Jacob 等总结了与认知负荷相关的 21 项眼动指标,其中瞳孔直径、注视点平均持续时间和总注视时长在实际测量中较为常用。① 瞳孔直径被用来衡量认知负荷已经有较长时间,研究者认为瞳孔直径会随着任务复杂度和认知负荷的升高而扩张。②③ 人眼被认为只有很短的时间会停留在稳定的位置,这个时间为 200—300 毫秒,这个固定的稳定时期就是注视。注视的平均持续时间能够反映被试对内容的认知资源投入情况和加工程度,时间越长表明对该部分内容加工越深,认知负荷越大。④⑤ 总注视时长是指落在兴趣区所有注视点的时间的总和,反映了处理信息和记忆知识的总时间,总注视时间越长,认知加工越深,因此需要更多的认知负荷。⑥ 眼动指标的使用,还应结合具体情况进行具体分析。

四、认知负荷的优化控制

认知负荷的优化控制也是认知负荷领域的重要研究方向。通常认知负荷的优化控制策略是基于认知负荷效应提出的。Sweller 等提出 13 种常见的认知负荷效应,分别是:可变性效应(Variability Effect)、目标自由效应(Goal-free Effect)、孤立元素效应(Isolated Elements Effect)、样例效应(Worked Example Effect)、知识反转效应(Expertise Reversal Effect)、指导消退效应(Guidance

① LIU H C, LAI M L, CHUANG H H. Using eye-tracking technology to investigate the redundant effect of multimedia web pages on viewers' cognitive processes[J]. Computers in Human Behavior, 2011, 27(6):2410-2417.

② BEATTY J. Task-evoked pupillary responses, processing load, and the structure of processing resources[J]. Psychological Bulletin, 1982, 91(2):276-292.

③ DIONISIO D P, GRANHOLM E, HILLIX W A, et al. Differentiation of deception using pupillary responses as an index of cognitive processing[J]. Psychophysiology, 2001, 38(2):205-211.

④ 王雪,王志军,付婷婷,等. 多媒体课件中文本内容线索设计规则的眼动实验研究[J]. 中国电化教育, 2015(5):99-104,117.

⑤ BYBEE R W. The BSCS 5E instructional model:Personal reflections and contemporary implications [J]. Science and Children, 2014, 51(8):10-13.

⑥ WANG Q Z, YANG S, LIU M L, et al. An eye-tracking study of website complexity from cognitive load perspective[J]. Decision Support Systems, 2014, 62:1-10.

Fading Effect)、问题完成效应(Problem Completion Effect)、注意力分散效应(Split-attention Effect)、形式效应(Modality Effect)、冗余效应(Redundancy Effect)、想象效应(Imagination Effect)、元素交互效应(Element Interactivity Effect)、瞬时效应(Transient Information Effect)。① 其具体应用如下:

(1)根据可变性效应,教学设计者可以在学习者内部认知负荷较低,并且工作记忆容量还有可用空间的前提下,通过增加学习材料或学习内容的变异性来增加内部认知负荷,以此提高学习者的学习兴趣和学习效率。

(2)根据目标自由效应,采用目标自由或不指定特定的学习方法、学习题目、学习顺序的策略,会降低学习者的外部认知负荷,增加学习的迁移。

(3)孤立元素效应强调在内部认知负荷较高的情况下,增加各个孤立元素之间的交互性,能够减少认知负荷,提高学习效率。

(4)利用样例效应为学习者提供一定的例子、解题方法等能够降低学习者的外部认知负荷。

(5)知识反转效应强调在教学设计中那些对新手来讲至关重要且不可或缺的环节和信息,对专家或者专业知识丰富的学习者来说可能是多余的,甚至产生负面的效果,因此应以知识反转效应为指导,为不同水平的学习者设计不同的教学内容,以此优化控制其认知负荷。

(6)指导消退效应是指基于知识反转效应所阐述的内容,随着学习者专业知识储备的增加,在教学中应尽量减少样例的数量,最终做到完全移除样例,从而优化控制认知负荷。

(7)问题完成效应与样例效应有部分相似之处,是指在解答问题时,可以为学习者提供部分解决方案或答案,以此作为指导,让学习者完成剩余的部分,这有利于优化控制学习者的关联认知负荷。

(8)注意力分散效应是指在学习过程中,当学习者需要心理整合时,可以通过外部的物理整合来降低外部认知负荷,例如,当图片信息与相对应的文字解释信息分散的时候,学习者的外部认知负荷会增加,其需要付出更多

---

① SWELLER J, AYRES P, KALYUGA S. Cognitive load theory[M]. Salt Lake City:Academic Press, 2011:37-76.

的心理努力去整合这些信息,因此应将两部分内容整合在一起,帮助学习者降低认知负荷。

(9)形式效应是指用多种信息呈现方式(如视觉、听觉)代替单一的信息呈现方式,如用声音材料配合视觉材料,比单一使用视觉材料更有利于学习者对信息的整合和加工,从而优化控制认知负荷。

(10)冗余效应是指呈现过多的无关信息会加重信息加工过程中的负担,导致外部认知负荷增加,因此应避免信息的冗余。

(11)想象效应是指对于专业知识比较充足的学习者来说,他们自己的想象过程和心理练习对学习很有帮助,他们可以利用想象效应,优化控制学习者的认知负荷。

(12)元素交互效应是指当使用的学习材料的元素交互性较低时,想象等教学效应会消失,而当学习材料的元素交互性较高时,它们又会重现,因此应设计好教学中的元素交互,使学习者的认知负荷在合理范围内。

(13)瞬时效应是指技术的使用可以将永久性的信息转化为瞬间的信息,但学习者在利用信息技术支持的学习材料学习时,他们刚刚获取的记忆很容易又被忘记,且无法获得完整的信息,因此应该为学习者提供一些可以被反复使用的信息技术资源来增加记忆,以此优化控制认知负荷。

上述认知负荷效应从不同的认知负荷来源、不同的应用场景、不同的教学设计、不同学习材料的使用、不同技术的使用等方面阐释认知负荷的产生以及如何对其进行优化控制,可以作为优化控制认知负荷的理论依据,对探究复杂的智慧学习环境下认知负荷的优化控制策略具有一定的参考和启示作用。

第三节　智慧学习环境下学习者认知负荷影响因素研究现状

当前在认知负荷研究领域,研究者就物理环境对学习者认知负荷以及学习效果的影响关注较少,而在关注物理环境和认知负荷的关系时,探究物理环境与学习者或者是学习任务的交互是重要的一方面,利用认知负荷理论验证是否存在该种特定的物理环境能够帮助学习者减少无效的认知负荷,从而取得更好的学习效果也是重要的一方面。[①]

　　智慧学习环境与传统学习环境或者传统多媒体学习环境有着本质区别,因此探究智慧学习环境下认知负荷的影响因素是必要且具有重要意义的。目前,智慧学习环境在实际教学中的应用还在日趋成熟当中,所以国内外关于智慧学习环境下认知负荷影响因素的研究文献不足,但已有学者肯定了研究智慧学习环境下认知负荷影响因素的重要性和必要性,并结合智慧学习环境,探究了认知负荷的影响因素。[②] 学者高媛等探究了智慧学习环境下的认知负荷问题,智慧学习环境是一种新型学习环境,她们表示在智慧学习环境中合理地使用媒体资源与技术工具并配以合适的教学策略才能促进学习者认知的加工从而促进学习。通过对智慧学习环境的特征以及学习者认知负荷的影响因素研究,高媛等总结出智慧学习环境下学习者认知负荷的四个影响因素,分别是知识、策略、技术和学习者。[③] 他们还表示任何方式的学习都必须遵循学习者认知加工的规律,认知负荷理论在智慧学习环境中的应用也能使智慧环境中技术与工具、资源与元素的交互发挥最大作用。在智慧学习环境中,认知资源需要构建个体的学习知识,以及与教室和其他学习者的交互,交互过程中会运用到技术工具和媒体资源。新技术的使用会提高学习者的参与度和学习的体验感,但如果不能合理利用将带来额外的认知负荷。高媛等学者还指出,在智慧学习环境下进行教学和学习需要考虑认知负荷所带来的一系列效应,例如样例效应、注意力分散效应、冗余效应、形式效应、目标自由效应、瞬时效应、知识反转效应和指导消退效应等。技术工具是智慧学习环境中传播知识的主要载体,在使用相关技术

　　① 钟丽佳,盛群力. 如何调控认知负荷"最优化":发展综合认知能力——访谈国际著名认知科学家弗莱德·帕斯[J]. 现代远程教育研究,2017(4):3-10.
　　② 张慧,张定文,黄荣怀. 智能教育时代认知负荷理论发展、应用与展望——"第十一届国际认知负荷理论大会"综述[J]. 现代远程教育研究,2018(6):37-44.
　　③ 高媛,黄真真,李冀红,等. 智慧学习环境中的认知负荷问题[J]. 开放教育研究,2017,23(1):56-64.

辅助学科内容学习之前,对相关技术进行教学培训也是有必要的。①

国外研究者已经对智慧学习环境的学习者认知负荷情况进行了相关的理论和实证研究,例如学者 Choi 等总结了智慧学习环境中的移动学习认知负荷的影响因素,分别是环境、移动设备、软件系统、学习应用以及学习活动本身,这一观点也得到了 Deegan 等学者的验证。②③ 2014 年学者 Chu 针对移动学习对学习者认知负荷的影响进行了实证研究,结果发现使用移动学习的学习者内部认知负荷过高,导致学习效果不佳。④ 研究者 Hegarty 发现学习者与工具或是资源的交互能促进学习,他在化学教学中让学生使用化学模拟软件来控制气体的温度、体积和压强,结果发现这种教学方式使学习者在学习中投了更多的认知资源。⑤ Plass 等的研究结果也表明学生与学习材料的有效交互同样能促进认知资源的加工,提高学习效果,允许学习者对学习材料进行内容的操控是有效的学习方法。⑥ 学者 DeStefano 等表示智慧学习环境中的网络环境为学习者提供丰富的学习材料和更多种选择的学习路径,但是复杂的超链接需要大量的搜索,这就造成了认知资源的消耗,造成认知负荷过载,影响有效的知识构建。⑦ 学者 Reisslein 等探究了学习材料的组织顺序对不同学习者的影响,在初中物理的"电路的串联与并联"中,教师使用三种不同的教学方式进行教学:第一种先进行工作样例的讲解,再配合

① CLARKE T, AYRES P, SWELLER J. The impact of sequencing and prior knowledge on learning mathematics through spreadsheet applications [J]. Educational Technology Research and Development, 2005, 53(3): 15-24.

② CHOI H H, VAN MERRIËNBOER J J G, PAAS F. Effects of the physical environment on cognitive load and learning: towards a new model of cognitive load [J]. Educational Psychology Review, 2014, 26(2): 225-244.

③ DEEGAN R. Complex mobile learning that adapts to learners' cognitive load [J]. International Journal of Mobile and Blended Learning, 2015, 7(1): 13-24.

④ CHU H C. Potential negative effects of mobile learning on students' learning achievement and cognitive load—A format assessment perspective [J]. Journal of Educational Technology and Society, 2014, 17(1): 332-344.

⑤ HEGARTY M. Dynamic visualizations and learning: Getting to the difficult questions [J]. Learning and Instruction, 2004, 14(3): 343-351.

⑥ PLASS J L, HOMER B D, MILNE C, et al. Representational mode and cognitive load: Optimizing the instructional design of science simulations [C]. Proceedings of the Annual Convention of the Association for Educational Communication and Technology (AECT), 2007.

⑦ DESTEFANO D, LEFEVRE J A. Cognitive load in hypertext reading: A review [J]. Computers in Human Behavior, 2007, 23(3): 1616-1641.

相同属性的练习题;第二种同时呈现工作样例的讲解和练习题;第三种在工作样例的讲解中逐步减少引导,即从最后一步开始逐渐省略解题步骤。① 实验的结果表明,在第一种教学模式下,基础薄弱的初学者取得了很好的学习效果,而高水平者则更适应后两种方式。

笔者通过对国内外智慧学习环境下学习者认知负荷影响因素研究的总结发现,探究智慧学习环境下学习者认知负荷的影响因素具有深刻意义和必要性。笔者将基于现有的研究成果,对该主题进行深入的探究和发掘。

① REISSLEIN J, ATKINSON R K, SEELING P, et al. Encountering the expertise reversal effect with a computer-based environment on electrical circuit analysis[J]. Learning and Instruction, 2006, 16 (2): 92-103.

第三章

智慧学习环境下认知负荷研究的理论基础

智慧学习环境下学习者认知负荷影响因素与优化控制策略

本章介绍了三个与研究内容密切相关的理论,分别是认知负荷理论(Cognitive Load Theory,CLT)、多媒体学习认知理论(Cognitive Theory of Multimedia Learning,CTML)和情景认知与学习理论(Situated Cognition and Learning Theory)。

第一节　认知负荷理论

认知负荷理论是澳大利亚新南威尔士大学的认知心理学家 Sweller 于 1988 年提出的。研究认知负荷理论的主要目的在于控制在复杂的教学和学习过程中所产生的工作记忆负荷,最大限度地减少阻碍学习的认知负荷,优化促进学习的认知负荷,使学习者合理地利用有限的认知资源,达到最好的学习效果。智慧学习环境是复杂的学习环境,因此以认知负荷理论为基础关注智慧学习环境下学习者的认知负荷影响因素,能够明确该复杂环境中认知负荷的来源,从而对其进行优化控制,提高教学效果。[①]

一、认知负荷理论的基础

认知负荷理论的基础主要包含资源有限理论和图式理论,这两个理论能够阐释关注学习者认知负荷的必要性和重要性。

资源有限理论又称资源分配理论或有限容量理论,该理论由美国心理学家 Kahneman 于 1973 年首次提出。[②] 该理论中的资源主要是指心理资源,心理资源则包括认知资源和注意资源,这两种资源都是有限的。而人类的认知结构是由工作记忆(也称短时记忆)和长时记忆组成的,认知资源的有限性主要表现在工作记忆上,工作记忆每次只能同时容纳 7 条信息

---

① SWELLER J. Cognitive load during problem solving: Effects on learning[J]. Cognitive Science, 1988, 12(2): 257-285.

② KAHNEMAN D. Attention and effort[M]. Englewood Cliffs, NJ: Prentice-Hall, 1973.

或元素,此外工作记忆还被用来组织、对比和处理这些信息,因此,最终能被存储下的只有2—3条信息。① 学习者在完成任意一项特定的任务时都需要消耗认知资源和注意资源,但由于这两种资源都是有限的,因此在同时完成多项任务或是由于某项任务的复杂性需要同时操作不同的工具时,认知资源和注意资源就要在这些任务之间进行分配,分配时遵循此多彼少的原则。② 在同时完成多项任务时,任务所需的所有心理资源总和不能超过该学习者心理资源的总量,否则任务就是不可能完成的,同时,如果完成该项任务需要付出大量的心理资源,也会加重学习者的认知负荷,从而影响学习效果。③ 比如某个学习者总的心理资源是100个单位,他在同时处理两项学习任务时,第一项学习任务要消耗60个单位的心理资源,那么第二项学习任务就要消耗少于40个心理资源,两项学习任务才能有效完成,如果第二项学习任务所需心理资源更少,那么学习效果就会更好。

认知负荷理论的另外一个基础是图式理论。根据图式理论,人类的认知结构会将大型的、复杂的、交错的信息存储在长时记忆中,人类的智力通常来自长时记忆而非工作记忆的加工。知识以"图式"的形式存储在长时记忆中,它们并不是杂乱无章的,而是根据个体间的相互逻辑和联系形成一个模块,这个模块就是"图式"。④ 一个"图式"可以存储大量的信息,如果一项学习过程已经持续很长一段时间,那么这个"图式"就会包含很多信息,等到学习者再学习新知识时,长时记忆中存储的图式能自动整合信息要素和加工规则,省略了有意识的加工过程,减少资源的消耗,因此,教学设计必须考虑长时记忆中的图式,以便需要时来提取;反之,如果教学过程中包含过多与学习者现有图式不相关的知识,学习者无法提取图式以支持该学习过程,就可能导致学习效果不佳。此外,图式的自动化还能为工作记忆释放出空

① BADDELEY A. Working memory[J]. Science, 1992, 255(5044):556-559.
② 龚德英. 多媒体学习中认知负荷的优化控制[D]. 重庆:西南大学, 2009.
③ 黄希庭. 心理学导论[M]. 北京:人民教育出版社, 1991.
④ KIRSCHNER P A. Cognitive load theory: Implications of cognitive load theory on the design of learning[J]. Learning and Instruction, 2002, 12(1):1-10.

间,从而减少认知负荷。综上所述,图式的构建通过利用信息在长时记忆中的存储和组织降低认知负荷。

二、认知负荷理论在本书中的应用

认知负荷理论是与本书最直接相关的理论,其思想和应用贯穿于整个研究。认知负荷理论阐明了人脑工作时所使用的工作记忆和长时记忆,工作记忆的有限性导致学习者在学习过程中产生负担,这促使研究者寻找影响认知负荷的相关因素,并对影响学习效果的认知负荷进行优化控制。长时记忆中的图式可以促进学习者的有效学习,能够增加关联认知负荷,因此教学设计者应关注影响关联认知负荷的因素,并在教学设计中尽量增加关联认知负荷,提高教学效率。虽然认知负荷理论对内部认知负荷、外部认知负荷和关联认知负荷的影响因素研究比较详尽,但该理论描述的影响因素具有概括性,且针对的是传统的教学环境。而随着科学技术的进步,现实中的教学环境已经发生了较大的变化,教室的元素相较于传统教学环境也有较大改变,因此在新型教学环境下,认知负荷的影响因素在理论上也应该有所改变。综上所述,应该以认知负荷理论为基础,结合本书所探究的智慧学习环境的具体特征,确定在该环境下具体的认知负荷的影响因素,这样才能合理整合智慧学习环境中的技术、工具、资源、设备等,有针对性地进行教学设计,降低由系统或材料给学习者带来的内部认知负荷和由外部环境、新技术的使用等给学习者带来的外部认知负荷,并合理利用智慧学习环境中以新兴技术为支撑的智慧教学方式,以增加学习者的关联认知负荷,提高智慧教学的效率,促进智慧教育深度发展。

第二节　多媒体学习认知理论

美国心理学家 Mayer 等基于双重编码理论、认知负荷理论和建构主义学习理论提出了多媒体学习认知理论。①② 双重编码理论认为,人类拥有两个相互独立又互相作用的认知系统,这两个认知系统分别用来加工视觉材料和言语材料。③④ 视觉材料的加工是通过眼睛输入并产生图片表征,而言语材料的加工是通过耳朵输入并产生言语表征。认知负荷理论认为这两种认知系统(信息加工通道)的信息加工能力都是有限的,对双通道呈现过于复杂的信息或是同时呈现过多的信息供其加工,就会引起认知负荷的超载,从而阻碍学习者的有效学习。认知的构建取决于学习者在学习过程中的认知加工过程,建构主义学习理论认为有效学习的发生需要学习者主动积极地去注意和选择有效信息,并将这些信息与其他已有知识进行组织和整合。⑤⑥

一、多媒体学习认知理论的基本原则

该理论基于三项原则:第一,人类的信息加工系统是由双通道(视觉通道和听觉通道)构成的。该双通道在功能和结构上相互区别,但在加工和储存信息时又具有一定的关联性。视觉材料和听觉材料是通过该双通道分别进行加工的,当材料呈现为图表、PPT 等形式时,则通过视觉通道加工,当材料呈现为叙述、音乐等形式时,则通过听觉通道加工。第二,双通道的信息加工能力都是有限的,例如当动画呈现时,学习者的工作记忆仅能同时加工几个画面,而不能对整段材料形成完整的记忆,在此过程中,学习者的元认知会对有限的认知资源进行分配、监控和调整。第三,学习者要进行积极的

① MAYER R E. Multimedia aids to problem-solving transfer [J]. International Journal of Educational Research, 1999, 31(7):611-623.

② MAYER R E, MORENO R. Aids to computer-based multimedia learning[J]. Learning and Instruction, 2002,12(1):107-119.

③ PAIVIO A. Mental representations: a dual coding approach[M]. Oxford, UK: Oxford University Press, 1986.

④ CLARK J M, PAIVIO A. Dual coding theory and education[J]. Educational Psychology Review, 1991, 3(3):149-210.

⑤ MAYER R E. Learning strategies for making sense out of expository text: the SOI model for guiding three cognitive processes in knowledge construction[J]. Educational Psychology Review, 1996, 8(4):357-371.

⑥ WITTROCK M C. Generative processes of comprehension[J]. Educational Psychologist, 1989,24(4):345-376.

加工,学习者的认知加工系统对信息进行整合处理,认知系统将文字或图片信息整合成一个具有整体性的陈述,并将其与学习者的先备知识联系起来。积极的加工过程包括注意、组织信息和知识与信息的整合,积极加工能够构建相关的心理表征。[①] 基于这三项原则,在多媒体学习环境中应注重对教学材料的设计,材料不应过于复杂,对学习者造成过多的认知负荷,同时材料也应具备一定的结构性和逻辑性,使学习者能够将材料与已有知识建立起关联,能够轻松主动地学习。这为后续进行的实验设计提供了理论基础。

二、多媒体学习认知理论在本书中的应用

在多媒体环境中进行教学时,应对学习者的认知负荷进行合理控制。教学设计者应该为学习者创建其与多媒体学习材料有效交互的环境,使学习者能够积极获取信息进行加工,避免因多媒体技术,例如视频、录屏等的使用导致视觉通道和听觉通道的负荷过重而影响有效学习。在呈现信息时,视觉通道和听觉通道的资源应进行合理分配,避免在材料过于复杂的同时,还使用双通道进行加工。此外,在多媒体教学环境中,学习材料的呈现也应具备一定的组织性和逻辑性,如果学习者不用在工作记忆中加工无关的语言、画面和声音信息,便不会造成认知负荷的超载。信息呈现时相关性高,也会调动学习者长时记忆中的图式,使学习者将已有的图式与新知识形成关联,从而增加关联认知负荷,提高学习效率。智慧学习环境中包含着一定数量的多媒体设备和技术,播放视频、动画,呈现丰富的图片和声音等也是智慧学习环境教学中必不可少的环节,因此该理论对本书中的研究内容具有一定的参考和指导作用,为探寻智慧学习环境下学习者认知负荷的影响因素以及合理设计智慧学习环境中的教学提供了基础和依据。

---

① MAYER R E. Cognitive theory of multimedia learning [M]//MAYER R E. The Cambridge Handbook of Multimedia Learning. Cambridge: Cambridge University Press, 2005.

第三节　情景认知与学习理论

一、情景认知与学习理论的基本内容

心理学研究领域一般认为关于学习的理论的发展可分为三个阶段：第一阶段是以"刺激-导向"为基础的行为主义理论；第二阶段是基于信息技术的发展和多媒体等技术的应用而发展出的信息加工理论；第三阶段则是基于创设不同的学习情景来满足学习者的学习需求，因而发展出的情景认知与学习理论。情景认知与学习理论站在一个全新的视角去审视学习的内涵，要求教学设计者能够创建适合学习者学习的情景，学习过程可按照不同的情景被分为独立的阶段和过程，各不同的情景创设目的是激发学习者的学习兴趣，能够使学习者的情感活动与认知活动相融合，在情景中收获知识、技能和感情。[①] 情景认知与学习理论的初步形成是在 20 世纪 80 年代至 90 年代期间，它的目标在于克服惰性，促进迁移，它认为良构的学习情境能促进学习，推动教学形式和教学策略的发展。[②]

情景学习的元素主要有 4 个，分别是：内容（Content）、境况（Context）、共同体（Community）、参与（Participation）。[③] 情景学习的方式区别于个体独自学习，而是强调学习者与学习者之间的交互，学习的内容是通过学习者与教师之间的交互、学习者与学习者之间的交互、共同体之间对内容进行深入探讨等方式积累和获得的。情景学习的终极目标也并不仅仅是学习者对知识

① HWANG G J, YANG L H, WANG S Y. A concept map-embedded educational computer game for improving students' learning performance in natural science courses[J]. Computers and Education, 2013, 69: 121-130.

② 王宇,汪琼. 慕课环境下的真实学习设计：基于情境认知的视角[J]. 中国远程教育, 2018 (3): 5-13,79.

③ STEIN D. Situated Learning in Adult Education[M]. Columbus: ERIC Clearinghouse on Adult, Career, and Vocational Education, 1998.

或者是内容的积累和习得,它强调要根据具体的学习内容,为学习者创建合适的学习环境和情景,并为其提供交互、交流、探讨的机会,使其在合作中获取知识并能够将知识应用于实践。学习共同体则为学习活动提供了区域,通过学习共同体,学习者能够对学习内容进行理解和反思,进而形成有意义的构建。每一个参与到共同体中的新成员都必须学会与其他成员进行有意义的互动,并在该种互动中进行知识的交流,学会解释知识,阐明自己的想法。参与强调的是学习者为解决问题进行的思想交流以及探索等形式的活动。参与总的来说描述了一个过程,在此过程中,学习者与其他共同体相互互动,形成了对知识有意义的构建过程。

二、情景认知与学习理论在本书中的应用

随着情景认知与学习理论的发展,有关情景学习和情景创设方面的研究层出不穷。学者 Young 指出情景学习在进行任务设计时需要考虑四个背景,分别是:情景选择、提供脚手架、教师支持、评估情景学习。① 在传统课堂中情景创设是比较难以实现的,但是随着智慧课堂的应运而生,在技术的支持下,教师可以根据学习者的学习需求为其创设合理的情景,这些情景中应该具有一定的复杂性和任务性,这有助学习者提出问题和假设,并通过情景解决问题,这为智慧课堂的教学设计提供了参考和支持。为学习者提供脚手架是指在创设情景的软件中加入一些提示信息、帮助步骤等,这其实恰好是一种降低外部认知负荷或者增加关联认知负荷的行为。情景认知与学习理论提供的软件设计思路与认知负荷理论不谋而合,因此,该理论将更好地辅助智慧学习环境下认知负荷的探究。情景学习也注重教师的支持功能,传统课堂中教师处于主导地位,学习者之间互动少,共同体之间的交互少,学习者没有实现真正的参与,但在情景学习环境下,教师可以作为教学环节的设计者、总体局面的掌控者、学生使用技术的辅助者、对学习结果的评价

---

① YOUNG M F. Instructional design for situated learning[J]. Educational Technology Research and Development, 1993, 41(1): 43-58.

者,参与环节是由学习者自己完成的,整个过程与传统课堂存在较大区别。该种模式适用于智慧学习环境,但随着互动元素的增加,也该注意学习者认知负荷的变化。评估在情景学习中发挥着重要作用,因为情景学习强调学习者要在情景中进行反思,才能逐渐形成有意义的构建,而评估则是为学习者进行反思提供依据,因此评估也是情景学习的重要背景。智慧学习环境下,可以通过即时反馈系统为学习者提供实时评价,就更为评价机制提供了便捷。综上所述,基于情景认知与学习理论进行教学设计,探究各环节所造成的认知负荷并加以控制,有利于提高学习效率。笔者即是依据情景认知与学习理论对实验进行设计和应用的。

第四章

智慧学习环境下学习者认知负荷
影响因素及其理论模型构建

智慧学习环境下学习者认知负荷影响因素与优化控制策略

笔者基于前面章节梳理出认知负荷的影响因素,采用质化导向的半结构化访谈的研究方法,探究智慧学习环境下学习者认知负荷的影响因素,深化对智慧学习环境下学习者认知负荷的认识,促进智慧学习的发展。在探究的过程中,笔者首先对智慧学习环境下学习者认知负荷影响因素的得出过程进行详细的介绍,并对所得结果进行深入分析;其次,依据访谈的结果,将所得出的智慧学习环境下学习者认知负荷影响因素作为要素,探究各影响因素与认知负荷的内在结构关系,构建出智慧学习环境下学习者认知负荷影响因素理论模型。本章所构建出的模型是定性模型,该模型能够在确立智慧学习环境下学习者认知负荷影响因素的基础上,理清各要素间的结构关系,使研究更加清晰和深入,并为后续定量模型研究奠定基础。

第一节　设计与实施

一、样本确定

研究样本的选择对研究结论的准确性和代表性具有重要影响。[①] 本书中的研究样本总体为 C 市某初中八年级全体学生,共 157 人。该校属于市级重点中学,学生资质良好,配有智慧学习环境,且智慧学习环境软硬件设备配备齐全。该校学生均具有丰富的智慧学习环境学习经验,适合作为本次访谈的对象。为确保研究对象能准确地体现该群体中不同学习水平的学生的真实反应,首先,笔者依据该校八年级全体学生最近一次期中考试和期末考试所有科目的平均分高低,将学生分为三组,分别是高水平组、中等水平组和低水平组。由于期中考试缺考 3 人,期末考试缺考 6 人,其中没有重复缺考的人员,该 9 人数据不全,因此被确定为无效样本,实际样本数为 148

---

① FLYVBJERG B. Case study [M]//DENZIN N K, LINCOLN Y S. The Sage Handbook of qualitative research(4th ed). Thousang Oaks, CA: Sage, 2011.

人。每组研究对象的人数均为该研究样本总体的三分之一，即高水平组 50 人，中等水平组 49 人，低水平组 49 人。接着计算出最近一次期中考试和期末考试平均总成绩的中位数，其中高水平组的学生成绩中位数为 442.5 分，中等水平组的学生成绩中位数是 358 分，低水平组的学生成绩中位数是 264.5 分。笔者的研究目的是尽量寻找出全面的、普遍的且具有代表性的认知负荷影响因素，选择的研究对象应具有代表性且能反映出一般情况。因此，笔者在每组中选取与该组成绩中位数最靠近的 5 名学生作为本次的访谈对象，共 15 人，其中男生 10 人，女生 5 人。

二、访谈提纲的设计

根据前面认知负荷理论及智慧学习环境下学习者认知负荷影响因素的综述，本书访谈提纲依据学者高媛等人提出的智慧学习环境下影响认知负荷的四要素——学习者、技术、教学策略、知识四个维度进行设计。由于访谈提纲需要具备一定的理论性和探索性，因此访谈问题分为开放型问题、引导型问题和封闭型问题三种题型，且访谈提纲初步设计完成后，由一名教育学领域的专家、一名心理学领域的专家对访谈的内容和方向提出修改建议，再由一名初中教师对访谈题目的语言设计提出建议，确保访谈题目的表述对于研究对象来说是通俗易懂的，这样才能保证访谈的有效性。

三、访谈的实施

访谈采用面对面的形式进行，每次访谈 1 人，以确保访谈的效果。访谈地点选择在该初中的一间会议室，会议室内安静，陈设整齐，能够保证访谈的有序进行。由于研究对象间存在个体差异，因此访谈时长最短 18 分钟，最长 89 分钟，平均时长 43 分钟。整个访谈共形成访谈文本资料 129890 个字，资料来源于相关平台的录音转文字和研究者的记录整理。

访谈过程中，研究者掌控访谈节奏，根据学生的理解能力和个人特征，使用研究对象便于理解的语言进行沟通,并灵活调整关于内容和细节的表达方式。①② 此外,在访谈过程中,应尽量避免为学生提供线索,例如提出"使用技术是不是增加了你的认知负荷?""自主学习是不是降低了你的学习效率?"等问题,以免给学生思维造成误导,应以引导学生深入思考智慧学习环境中认知负荷产生的原因为目的,多使用"为什么""然后呢"等具有引导和开放功能的词语,增加对学生的追问,这样才能深入挖掘有效信息。③

第二节　智慧学习环境下学习者认知负荷影响因素的分析与确定

一、访谈资料分析方法

笔者在分析访谈文本时,采用了扎根理论的方法。扎根理论是一种自下而上的质性研究方法,比较适合分析访谈文本资料。它要求研究者对原始访谈文本资料进行概念化的思考,提炼出范畴与类属,并逐步上升到理论。④ 笔者基于扎根理论的三个级别的编码构建影响因素:一级编码为开放式登录,二级编码为关联式登录,三级编码为核心式登录。为方便后续确认编码的文本信息来源,笔者将来源于访谈的文本记录为 I(Interview),15 个被访谈者的编号分别是 1—15,通过增加前缀来表明编码者的来源,例如 1-I 表示访谈中的第一个被访者。

①　SILVERMAN D. Qualitative research[M]. Newcastle:Sage,2016.
②　RITCHIE J,LEWIS J,NICHOLLS C M,et al. Qualitative research practice:A guide for social science students and researchers[M]. Newcastle:Sage,2013.
③　MILES M B,HUBERMAN A M,SALDANA J. Qualitative data analysis:A methods sourcebook[M]. Newcastle:Sage,2013.
④　陈向明. 扎根理论在中国教育研究中的运用探索[J]. 北京大学教育评论,2015,13(1):2-15,188.

（一）一级编码（开放式登录）

一级编码也称开放式登录，是将原始访谈文本进行逐句分析与归纳，从相关语句或段落中提炼初始概念，并将这些概念进行归类，提炼出不同范畴的过程。[①] 在一级编码中，研究者需要忽略个人对内容的喜好与偏见，以开放的心态，公正处理原始资料。

研究者首先将录音的访谈内容进行文本转化，并将研究者记录的内容作为补充，一同形成文本。由于原始资料文字较多，且内容分散，笔者首先利用 Word 2016 软件的批注功能对原始文本进行逐行编码，每位编码者进行两次开放式编码。第一次编码尽可能详尽地在原始资料中提取出核心内容，为了保证内容的完整性和真实性，第一次编码采用摘取被访谈者原话的形式进行记录。第二次编码采用回复功能，对第一次的编码进行回复，此次采用内容提取法，在保证不改变原话本意的前提下，将原话提炼概括。开放式登录阶段，经过反复精选和校对，在保证编码与原始文本保持较高一致性的情况下，共得出 126 个初始概念和 48 个范畴。

（二）二级编码（关联式登录）

二级编码是更精练的过程，其任务是在一级编码的基础上按照含义的相似性进行合并和归类，并发现与建立概念、范畴、类属之间的因果、结构、功能、时间先后、过程、策略关系等。[②] 在本书中，共形成了 18 个类属。

（三）三级编码（核心式登录）

三级编码的任务是对所有类属进行系统分析后选择具有高度概括性和统整性的"核心类属"，从而把其他类属串成一个整体。本书在 18 个类属的基础上，提炼出 7 个核心类属，分别是：内部认知负荷影响因素——学习者因

---

① 徐光涛，周子祎，叶晶双. 乡村教师技术应用影响因素的扎根理论研究［J］. 开放教育研究，2020，26（3）：111-119.
② 陈向明. 扎根理论的思路和方法［J］. 教育研究与实验，1999（4）：58-63，73.

素和学习材料因素;外部认知负荷影响因素——呈现方式因素、操作交互因素和教学策略因素;关联认知负荷影响因素——提示信息因素和动机因素。具体编码情况如表4-1所示。

表4-1　三级编码结果

核心类属	类属	核心类属	类属
学习者因素	L01 先备知识	操作交互因素	O01 软硬件操作
			O02 交互容易性
	L02 认知能力		O03 界面设计
	L03 认知风格		O04 交互便捷性
	L04 态度	教学策略因素	S01 学习材料组织形式
学习材料因素	M01 学习材料分解性		S02 学生控制权
	M02 学习材料总结性		S03 教学/学习方式
	M03 学习材料逻辑性	提示信息因素	I01 提示信息
呈现方式因素	P01 呈现方式	动机因素	C01 学习兴趣激发
			C02 外部条件刺激

二、智慧学习环境下学习者认知负荷影响因素编码结果及分析

研究者根据被访谈者的文本资料,确定了内部认知负荷、外部认知负荷和关联认知负荷的核心编码,现对访谈资料编码结果分析如下,并根据访谈分析结果形成各影响因素的测量指标。

(一)内部认知负荷的影响因素

通过三级编码,确定智慧学习环境下学习者内部认知负荷的影响因素有两大类,分别是学习者因素和学习材料因素。

1. 学习者因素

学习者因素包括以下 4 个类属：

(1)先备知识。如前文所述，先备知识是指学习者在学习本节内容前，其本身所掌握的相关的背景知识或基础知识。在被问及有关先备知识时，全部的 15 位被访谈者均认为先备知识对于他们在智慧学习环境中学习有很大的影响。被访谈者认为在课前，教师会与学生在互动平台上进行互动，以了解他们对本节课程知识的了解程度；智慧学习环境系统也会在课前推送相关的练习题和预习内容，这能让教师掌握他们现有的先备知识水平，为后续整节课的教学安排做参考。部分访谈内容如下：

> 我在智慧学习环境中学习时会感觉轻松一些，我也想过其中的原因。我觉得在课堂最开始的测试应该起了很大的作用，因为有时候我们完成得很不好，甚至对该节内容一点都不会，这时候老师讲得就会简单点，节奏也慢了下来，我就觉得没那么吃力了。(2-I 节选)

(2)认知能力。认知能力是指人脑加工、储存和提取信息的能力，知觉、记忆、注意、思维和想象的能力都被认为是认知能力。在访谈中，多数被访谈者提到自己在智慧学习环境中处理不同问题时所付出不同程度的努力，而这种努力的大小在被访谈者之间存在差异，因此，笔者将这种差异总结为是由学习者认知能力的不同导致的。

> 智慧学习环境中有很多新鲜的设备和全新的学习方式，例如原本在传统教室做练习题是在纸质的练习册上的，但是在智慧学习环境里，我需要用平板电脑完成。其实这时我觉得我在用一种新的思维方式去解决这个问题，这对我来说有点难。(11-I 节选)

(3)认知风格。在访谈中，我们发现有些被访谈者提到了在智慧学习环境里学习存在不适应和抓不住重点的情况;也有一部分被访谈者表示新的学习环境没给他们带来任何的压力和不适应。这种反差使研究者关注到学习者理性分析问题和透过现象看本质的能力,本书中将其归纳为认知风格。通过后续侧重对不同认知风格的被访谈者的深入挖掘发现,不同认知风格的学习者确实对在智慧学习环境中学习有着不同的感受,其中逻辑思维能力较强且善于探寻新事物本质的学习者普遍认为新的学习环境没有给他们带来压力或者不适应以及任何其他的心理负担,他们觉得很适应环境,并觉得学习过程相对轻松。而容易受环境感染且探索精神相对欠缺的学习者普遍觉得在智慧学习环境中学习需要一个适应的过程,如果教师在这个过程中加强对他们的引导,或者在智慧学习前能安排一些熟悉环境和设备的课程和培训,他们觉得十分必要。

> 我认为在智慧学习环境里学习对我来讲几乎没有什么影响,从第一次来我就觉得很适应,我能专注在老师的讲课内容上面,新环境没给我带来什么压力,我还跟往常一样,紧跟着老师的教学步骤,对于周围的新鲜事物有时候我会有点好奇,但我能分清主次,将注意力和思考的问题放在有用的地方。(6-I节选)

(4)态度。在访谈中发现,不同的学习者对在智慧学习环境中学习持不同的态度,而不同态度的学习者又对在该环境下学习有着不同的感受。大体上,对智慧学习持积极态度的学习者,觉得智慧学习环境对他们的学习有所帮助,且在该教室中学习时也相对轻松。相反,有些学习者对在智慧学习环境中学习持有一种抵触或者怀疑态度,那么他们给出的反馈也是消极的,他们认为在智慧学习环境中学习使他们感到有压力和不轻松。

> 一开始我就对智慧学习环境抱有一种好奇的心态,因为我的性格是很容易接受新事物。我每次都比较期待能够到智慧学习环境中学习,因为一直在我们班里实在太无聊了。老师课堂上的教学也是千篇

一律,我觉得很乏味。智慧学习环境就不同了,我可以跟同学们一起学习,或者使用平板电脑,所以,我每次都期待着下一次去智慧学习环境学习的机会。(7-I 节选)

2. 学习材料因素

学习材料因素可以分为三个类属,分别是学习材料的分解性、总结性和逻辑性。

(1)分解性。在访谈中,关于学习材料的分解性,被访谈对象为本书提供了三个方面的信息。

第一方面,多数被访谈对象提到了知识的详细程度,被访谈对象认为教师呈现给他们的学习材料越详细,他们的认知就会越清晰;反之,如果学习材料过于笼统,学习者在学习时就会有种模棱两可的感觉。本书结合访谈者的原始表述和查阅的文献,将该影响因素定义为知识的颗粒度,知识的颗粒度越小,学习者理解起来越轻松,内部认知负荷越小。

> 我们有一节课是讲杠杆的知识,我的物理基础不太好,单纯说杠杆我不知道这是个什么东西,教材上就说杠杆有五要素——支点、动力臂、动力、阻力臂、阻力,看完我还是觉得有点蒙,因为脑中原来没有这个概念。老师在上课的时候放了一个动画,就是阿基米德说的"给我一个支点,我能撬动地球",放完之后我就觉得有点清晰的认识了,然后又在电子白板上画了杠杆,每个部位是什么,怎么工作的,动力和阻力都是朝哪个方向的,这之后我就觉得很清晰了,就知道杠杆是什么了。(12-I 节选)

第二方面,被访谈对象提到对学习材料中的知识点和练习题进行分类特别重要,因为在学习新知识时,学习者对该部分内容不熟练。如果学习材料将所有内容混在一起,没有分类,学习者就会困惑于该提取哪部分知识,容易造成混乱和学习效率下降;反之,如果学习材料中的知识点或者练习题有明确的分类,就可以省略学习者判断知识的类型和进行自我归类这一步骤,使学习者直接关注知识或者材料本身。

如果老师的课件把我们要学习的东西分类的话,这节课我就更愿意学,比如数学练习题,这一部分都是解二元一次方程组的,下一部分都是判断一组数是否是方程组的解,这样同一个题型归类在一起呈现给我,我就能反复地巩固,最终达到完全熟悉的程度,也不用过多地思考这是什么题。(7-I节选)

第三方面,在固定时间内,向学习者传授知识或者信息的数量也影响其内部认知负荷。例如在5分钟的学习时间内,该段学习材料中包含的新的知识点数量过多或者在同一页PPT中涵盖的知识点过多,学习者就会觉得处理不过来,负担过重,从而影响学习效果。

有时候老师一页PPT里面有好多东西需要记住,但留给我们浏览和记录的时间太少了,我还没等记住呢,或者在记后面的东西的时候,又把前面的忘了,我没法在同一时间把这些都记住,感觉很累,又有点紧张。(11-I节选)

(2)总结性。学习材料是否具有总结性也是学习者注重的影响因素之一。被访谈者提到,有些科目的任课教师会在每个知识点讲解过后为他们提供总结性的学习资料,整节课结束后,还会有一个汇总的总结性学习资料,这种总结性的学习资料很受学习者的欢迎。此外,被访谈者还表示,他们不喜欢教师将书本上已有的文字内容大段地搬到教学PPT上,他们希望教师的课件或为他们提供的学习资料是经过教师自身总结和概括的资料,这样这份学习资料才更具有指导性的意义。还有部分被访谈者提到,在智慧学习环境中学习过后,系统会为每位同学提供一份关于本节课的学习报告,这份总结性的学习报告虽然不是直接的学习资料,但被访谈者表示其对自己很有用处,自己可以通过学习报告了解哪里的知识点还没有熟练,哪里需要强化,所以这份总结性的学习报告对他们来说是必要的。

> 像我们的化学老师,她每节课最后都会给我们总结一张纸或者一页 PPT,是关于该节课的学习内容的,一般下课之后我就不再重复看书了,直接对照这一张纸上的内容,把这些知识记住基本就差不多了。她还定期在系统中给我们推送一些方程式、化学元素,比如这周就背这些,下周再有新的内容,这样循环地背和复习,我差不多就都能记住了。这种总结式的学习资料非常好,对我来说挺有用的。(11-I 节选)

(3)逻辑性。15 位被访谈对象中的 10 位都提到了学习材料的逻辑性问题。他们希望教师提供的学习材料或者智慧系统推荐的学习材料能具有一定的逻辑性。教师提供的学习材料逻辑性通常体现在上下文的逻辑关系和整节课的课程安排的逻辑性两方面。学习材料主要是指课件、习题、阅读资料等。在呈现这些学习材料时,要有一个循序渐进的过程,前一页阐述的内容是后一页的铺垫,后一页中提到的内容一定要在前一页中能找到线索,便于学生在材料的学习中建立自己的逻辑关系,这样才便于记忆知识。混乱的逻辑会降低学生的学习效率。学习者希望整节课内容是整体—局部—整体的关系,一开始对课堂内容的全貌进行一个概括,让学习者对课堂内容有一定的了解,然后分不同的部分对知识进行讲解,最后对整堂课的内容进行一个总结,这样有逻辑的课堂教学有利于学习者学习。此外,对于网络中的资源,学生表示,他们经常会在网络中自行搜索一些与该节课内容相关的信息,作为知识的补充,智慧资源库中提供的资料应当与课堂内容紧密相关,反之,如果资源库中的内容与教学大纲或者实际教学内容脱节,则会起到消极作用。

> 比如物理课,我们在学习完书本内容知识以后,老师通常都会叫我

们自行在资源库里学习点相关的知识,一是为了培养兴趣,二是为了巩固知识。我记得学完光的折射那一节之后,我自己找到了几个视频,是有关光的折射的实验操作的,还有生活中光的折射的例子,我很感兴趣,然后那天放学回家之后,我还自己在家做了实验,把筷子放到了水杯里,观察筷子的弯曲是不是跟老师讲的还有我看的视频里面一样。后来我发现对于光的折射这一部分内容,我都学习得很好,做习题的时候几乎没做错过。(12-I 节选)

(二)外部认知负荷的影响因素

智慧学习环境下外部认知负荷的影响因素包括呈现方式因素、操作交互因素和教学策略因素。

1. 呈现方式因素

在访谈中,多数被访谈者都提到了学习材料的呈现方式会影响其在智慧学习环境中的学习。智慧学习环境中的材料呈现方式是多样的。在技术的支持下,材料可以通过多媒体技术设备、增强现实技术、虚拟现实技术、个人移动学习端、分屏等方式呈现。呈现的过程中,系统还会提供诸如导航系统的操作支持、即时反馈信息功能、视觉搜索功能等。这些复杂的信息呈现方式都对学习者的外部认知负荷具有一定影响。

通过访谈和后续编码发现,被访谈者多次提及增强现实技术,该技术是很受学生欢迎的技术,几乎所有的被访谈者都对增强现实技术的应用持积极态度。他们认为增强现实技术能生动形象地展现教学内容,使抽象的内容变得真实具体,他们无须再付出更多的努力去想象特定的场景或者实验。增强现实技术不仅减少了他们学习时用于想象抽象内容所付出的认知资源,还增加了学习者的学习兴趣。

我特别喜欢增强现实技术,当物理老师给我们讲解浮力的时候,一艘船就呈现在我们面前,船在大海上漂浮着,我瞬间就对浮力有了基本的认识,并且这一下就引起了我的兴趣,我原本昏昏欲睡,看到这里,我变得很清醒,并且积极地参与到课堂活动中。(9-I 节选)

与增强现实技术相对应的虚拟现实技术也受到学习者的广泛欢迎。被访谈者表示,通过虚拟现实技术进行学习有身临其境的感觉,感觉学习场所完全发生了变化,更有实践的感觉。二维的世界变成了三维的世界。学习者还可以跟虚拟场景中的元素进行互动,在不知不觉中就已经学习完知识,学习体验非常轻松。

每次使用虚拟现实技术进行学习我都很兴奋,我很专注于场景中的每一个元素,还能使用手中的手柄与场景中的元素进行互动,知识再也不是书本上的文字了,它变得生动了,我认为我在实践中学习了知识,没有死记硬背,也没有难以理解的内容,我非常喜欢。(6-I 节选)

被访谈者还表示,相继呈现和分屏呈现的方式他们更喜欢。例如,在学习一个知识点时,学习者认为先介绍基本概念,再呈现图片,最后再提供一些相关的视频,此时,他们会对知识点掌握得比较好。或是在讲解一个概念时,教师将概念的文字展现在电子白板上,并进行讲解,学习者手中的移动设备则呈现该概念的图片或者样例,这样可以对照图片听讲解,更容易记住学习的内容。

我认为老师的讲解和我手中的平板电脑结合起来使用比较适合我,我的平板电脑上会呈现一些有关的图片,我在图片上标记老师讲解的文字内容,这样配合非常好,我觉得学习效率很高。(13-I 节选)

被访谈者提到有些科目的任课教师会利用智慧系统中的导航功能,在课程开始前设置导航系统,导航系统包括该节课程的整体框架,每个步骤该做什么,学习者只需根据导航系统的提示,点击相应内容即可学习,无须自行寻找教学内容。被访谈者表示,导航功能能减少他们利用在信息搜索上的认知资源,使他们直接获得课程所需的学习材料,这降低了他们的外部认知负荷。

> 我们的学习系统中有导航功能,就是告诉我们每一步干什么,点击哪里,是一个有逻辑顺序的框架,只要一点击就行,完成之后返回主菜单,再点击下一步,非常节省时间,也节省寻找资料时消耗的注意力,也不会产生不知道下一步要干什么的问题。(14-I 节选)

许多被访谈者还提到了用标识或者图片替代文字的呈现方式,本书将其总结为视觉搜索功能。例如,当需要展现温度时,用温度计取代"温度"两个字,当要表示燃烧时,用火苗的图片代表"燃烧"的意思。在学习材料中,如果多使用诸如此类的标识性图片代替文字,会增加学习者的视觉搜索功能,从而减少学习者在搜索信息时所耗费的认知资源。

> 一些符号比如酒精灯、火柴、气体等,在化学课中比文字更直观,我一看就知道代表什么,这比文字更能吸引我的注意力,也能帮助我快速查找到所需要的内容。(9-I 节选)

2. 操作交互因素

操作交互因素包含 4 个类属,分别是软硬件操作、交互容易性、界面设计、交互便捷性。

(1)软硬件操作。智慧学习环境中有许多硬件设备和软件系统需要学习者自行操作,在操作这些内容时,被访谈者提到具体操作步骤对于他们来讲在可以接受的难度范围内,但是需要同时操作设备和听教师的讲解时就会出现注意力分散的情况,也就是说,当操作设备需要与其他教学活动一同进行时,学习者的负担会增加。

> 智慧学习环境中的设备操作起来比较简单,不用什么提前培训,里面的一些辅助工具,例如数学的三角板、矩形工具等都很好用且操作简单。只是有时候,我需要边操作边听老师讲课,这时候就有点吃力了,感觉无法同时专注于两件事情,或者好几件事情。(11-I节选)

(2)交互容易性。指的是智慧学习环境中的软硬件系统提供信息和处理信息的速度跟能力会影响学习者的学习状况。学习者通过技术实现与设备、教师和学习同伴的交互,如果交互的过程便捷且顺畅,就会提高学习效率。反之,如果交互的过程总是存在速度慢甚至卡顿等情况,就会对学习造成消极影响。

> 机器有时候会存在卡顿的现象,一到这个时候,课堂就会陷入混乱,同学们干什么的都有。老师也很尴尬,费了好长时间去调试,调试好了之后,再重新组织课堂。(2-I节选)

(3)界面设计。在智慧学习环境中,学习者个人有很多单独与设备交互的机会和时长,因此交互时界面的设计会影响学习者交互的效率。界面刷新的速度足够快有利于提高学习效率,界面设计得简洁合理,则便于学习者寻找相关信息。

> 我们手中的个人平板电脑的界面能调整,我就按照我自己的习惯把不同的应用放在我认为比较好找的地方。比如,网页搜索的APP是随时需要用的,我就放在主界面上。(4-I节选)

(4)交互便捷性。在智慧学习环境下,交互不再是传统单一的"问答式"交互。学习者可以通过在线交互系统,实现与教师和学习同伴的实时交互。

每个学习者都可以了解其他伙伴的想法,查看其他伙伴在课堂上完成的作品,还可以就某个问题进行讨论。这些环节的合理利用能大大提高交互的效率,有利于学习者学习。

　　课堂上的交互系统有时候是形同虚设的,我试图在系统上提出问题但有时候得不到老师的回应。但例如美术课这种需要动手写画的课堂,老师通常都会让我们把作品拍照上传到系统上,这时候我就能看到其他小伙伴的作品了。看到作品之后,面对面的交流要比在系统上交流方便一些,因为在系统上可能同一时间有好几个人点评我的作品,或者向我提问,我就应付不过来了。如果是面对面的交流就更顺畅一些。(6-I节选)

3. 教学策略因素

教学策略层面包含学习材料组织形式、学生控制权和教学/学习方式三个类属。

(1)学习材料组织形式。在访谈中,关于学习材料的组织形式,被访谈者提到了逐步整合的方式、符号和图表的使用、学习材料的顺序性以及学习材料整体的逻辑性。

逐步整合的学习材料组织形式被多名被访谈者提及,被访谈者表示,适当对学习材料进行整合有利于他们理清前后知识点之间的逻辑关系,省去了其自行整合的步骤,让学习变得更容易,前后内容也更容易被关联起来并形成记忆。这样的方式到课堂最后就会形成一个关于整堂课的完整总结,每个知识点间都是串联的,有利于减轻学习的压力。

　　老师的PPT或者教学内容有整合的过程的话会对我的学习很有帮助,这样知识不是零散的,我在一点一点地接受内容,使我更容易将知识关联起来,并理解它们之间的逻辑。在进行自主学习时,智慧系统也能提供逐步整合的功能,对我很有帮助。(9-I节选)

被访谈者提及学习材料中符号和图表的使用问题,被访谈者表示符号和图表的使用应更准确,例如当图表内容和文字叙述重复时,就会造成冗余现象,使他们在关注图表还是文字的问题上产生矛盾;还有的情况是,当涉及内容分类过多时,不使用图表会造成混乱,并使知识间逻辑不清晰,不容易被理解。因此,在学习材料中应该恰当地组织和使用图表,且以合理的比例呈现才能降低外部认知负荷。

在学习材料中加入图表不是在任何时候都有意义的,有时候内容很简单,直接列出来就好了,搞成图表反而多余。内容很复杂的时候还是图表清晰一些,容易建立知识之间的联系,所以我认为图表不能乱用,遇到复杂知识时可用。(8-I 节选)

被访谈者还提到学习材料的顺序性,学习材料的顺序性也是影响其学习的重要因素之一。就学习材料呈现的起点而言,如果呈现过于简单的知识,会使他们丧失学习兴趣,但如果呈现过于复杂的知识,又会使他们无法理解。此外,学习材料不单单指纸面上的材料,教材、PPT、教师的讲解和演示、与学生互动生成的知识内容都是学习材料,因此,应当恰当地组织不同形式的学习材料,以合理的顺序呈现,避免呈现顺序没有逻辑性或前后难度不恰当而导致低效率的学习。

我觉得课堂导入阶段的内容很重要,该部分内容如果跟后续内容衔接得很恰当,我就能很快进入学习状态,太难或者太简单都会对我的学习造成影响。另外如果持续地盯住一种学习材料,比如课本或者PPT,我也会觉得很无聊,容易走神。(15-I 节选)

(2)学生控制权。被访谈者提到自己是否有对智慧学习环境中学习材料等的控制权是影响其认知负荷大小的因素。被访谈者提出,在学习时如能自己掌握对教学视频或者 PPT 播放等的控制权,根据自己的节奏进行学习将有助于知识的识记,比如当学习的内容较为复杂时,如果自己可以控制教学视频的播放和暂停,这样就可以将没懂的地方反复观看,直到理解为止,这种学生控制权不仅能给学生更多的时间加工和巩固当前的学习内容,还能提供查缺补漏的机会。此外,在学习时,学习者是否可以根据自身的意愿选择学习资料的顺序也影响他们学习时的效率和心理努力程度,比如,在做练习时,如果练习题的顺序是固定的就可能会影响其学习的状态,但如果练习题的顺序能自主选择,先完成哪一题,后完成哪一题,就会提高学习时的积极性。教师控制与学生控制的时间比例也会影响学习时的认知负荷,例如如果学生已经自主完成了该部分的学习内容,但教师为学生预留的时间过长,这样就会造成学习效率低下,如果学习内容较为复杂,时间又很紧张,就会加重学生的负担。当学习内容较为复杂时,学习者无法通过自主控制完成,还需要教师讲解的时长比例适当增加。

老师对分配给我们自己的时间掌握得不是很好。有时候时间过长,我已经学习完了,可是还没有新的内容分配给我。有时候我自己又搞不懂,老师又不讲,我就反复地做了许多无用功。(3-I 节选)

(3)教学/学习方式。根据编码频次,被访谈者集中提到了不同学习方式的利弊、与智能设备融合的程度等。在自主学习时,学习者表示网络中有非常丰富的资源,他们有更多选择学习路径的机会,但对海量信息的搜索和筛选,有时会消耗大量的认知资源和时间,使他们忙于搜索而无法真正投入知识的构建当中。如果能够利用技术使相关知识关联起来,使搜索变得简单便捷,排除冗余信息,他们的学习效率会更高。在自主学习时,处于不同学习水平的被访谈者对自主学习时学习材料的详尽程度提出了不同看法,他们认为学习材料或者参考答案应根据学习者不同的学习水平有所差异。优秀的学生认为讲解过于冗余,参考答案步骤过于详尽,这样会影响他们的学习效率,而学习困难的同学则认为需要越详尽越好的学习材料,否则他们无法理解。被访谈者还普遍提到了合作学习,他们认为在进行合作学习时,应把握好学习内容和小组人员的分配与时间分配,他们认为学习内容较复杂时或者需要动手做实验时,合作学习是有效的学习方式,学习内容相对轻松时,合作学习会浪费时间,使他们注意力分散。另外,进行合作学习分组时,小组内应该由学习好、中、差的同学组成,这样才能交流出有价值的信息。

自主学习时对学习资料的搜索会占用一部分时间,有时候比较容易就找到了自己想要的内容,有时候半天也找不到,就变得很烦躁,感觉学习效率不高。(2-I节选)

(三)关联认知负荷的影响因素

根据访谈内容结果分析,在智慧学习环境下影响关联认知负荷的因素有提示信息因素和动机因素两方面。

1. 提示信息因素

提示信息是对学习者学习有提示和帮助作用的信息,学习者能根据提示建立起与学习内容相关的图式,从而增加其关联认知负荷。根据编码结果,被访谈者提到教师会通过智慧系统布置学习内容或者作业,系统会提示还有哪些学习内容没完成,这样避免了遗忘,同时他们也不用花费心思记录这些内容;进行物理或者化学实验时,对每一步骤的实验提供简单的提示信息有助于实验的进行,如果没有提示信息,在初始阶段对实验内容不熟悉容易忘记实验步骤,如果将实验步骤详尽说明,又很冗余,对他们造成负担,所以提示信息具有很大的作用;在解答数学大题的时候,每道题的解题步骤很烦琐,往往不知道从何入手,如果能提示几处关键的解题步骤,让学习者补充答案,学习者便很快能思考出该题剩余的解题步骤,有助于学习者的学习;当练习题难度较大时,适当在练习题后标出该题所考查的知识点,也能帮助学习者快速联想起相关的知识内容,给出答案;在设计教学材料时,添加适当的提示内容,也有助于增加学习者的关联认知负荷。

　　在物理课上,老师给我们讲解杠杆的原理,掌握杠杆五要素之后,我们会做一些辨别省力杠杆、费力杠杆、等臂杠杆的练习题。因为刚开始对新接触的内容不是很熟悉,所以一看到图片就很迷惑,比如老师问我们"钓鱼竿"是省力杠杆还是费力杠杆,我有点无从下手的感觉。后来老师通过电子白板在"钓鱼竿"上标出它各部分的结构,哪个是支点,哪一部分是动力臂,哪一部分是阻力臂,这样一下子我就很清晰了,就能判断它是什么杠杆了,这样练习几个之后,基本上我就掌握了对杠杆的判断。(13-I节选)

2. 动机因素

　　另外一个增加关联认知负荷的方法则是通过增强学习者的学习动机,激发其在智慧学习环境中学习的意愿和兴趣,并使学习者愿意为之付出努力且投入更多的认知资源。第一,相较于传统课堂,智慧课堂能实现更深层次的互动,丰富学习者的体验,这会增强学习者的学习动机并激发学习者的兴趣。例如,在合作学习时,学习者能倾听他人的意见和对问题的理解,并以此来补充自己没有想到的学习内容;在智慧课堂中采用探究式的学习方法,课堂不再以单纯的教师讲解为主,而是教师抛出问题,让学生自主地去发现、探索、检验,这个过程增加了学习者的参与度;能够丰富学习者学习体验的还有游戏化学习、增强现实技术和虚拟现实技术,这三种学习方式都将学习者视为课堂主体,学习者通过亲自参与互动从而学习知识。第二,智慧课堂能全程记录学习者数据,其所有行为包括课堂参与度、互动程度、成绩等都会被记录下来,学生想要其优秀的行为和成绩被记录下来,因此在课堂上积极表现。第三,通过系统进行自主学习时,系统会提供反馈,这些反馈是正面的、具有激励作用的,例如,当完成一个单位的学习内容时,系统会给一个"奖杯"或者一个"笑脸",这种方式对学习者来说具有一定的激励作用。

智慧课堂上我们经常采用不同的方式进行学习,我比较喜欢游戏化学习。游戏化学习有竞赛、抢答、积分排名等功能,我觉得这种方式有一种刺激感。比赛和排名的方式会造成个人成绩有高有低,这非常能激发我的学习兴趣,让我能积极参与其中。我还喜欢探究式学习,老师一般只抛给我们一个任务,不限制学习方式,我们通过自己的努力去寻找答案,在探究式课堂上,有点"寻觅宝藏"的感觉,每次我都很兴奋。如果是传统的教师讲课的话,就直接告诉我什么是什么,很没意思,我总是走神,所以我觉得探究式课堂很适合我。(1-I 节选)

第三节　研究信度与效度的分析

一、访谈设计与实施

(一)访谈对象的确定

在确定访谈对象时,笔者首先根据研究目的确定了样本的来源学校,然后将研究对象按照成绩分成高、中、低三组,又选取了每组中与中位数最接近的 5 人,确定最终的访谈对象。在访谈开始前,向访谈对象明确本次访谈的目的、计划以及流程,全程公开透明,因此,该访谈对象确定的过程在一定程度上保证了本次访谈的真实性和可靠性

(二)访谈提纲的设计

其一,访谈提纲的设计是基于充足的文献综述。为了实现深度挖掘信息,设置了开放式、引导式、封闭式三种类型的题目,因此访谈提纲本身具有坚实的理论基础和学术逻辑。其二,访谈提纲确定后,其中具体的题目分别由来自教育学领域的专家、心理学领域的专家和一线初中教师共同审核并提出

修改意见,使该访谈提纲具有实践意义。其三,在正式访谈开始前,笔者进行了预访谈,在预访谈过程中,及时发现问题,并对访谈提纲进行完善和修改,确定了最终的访谈提纲。基于此,该访谈提纲具有良好的可靠性和有效性。

(三)访谈的实施过程

首先,在访谈的过程中,访谈环境安静,确保访谈者在自然环境下接受访谈,将环境和其他因素带来的外部影响降至最低。其次,访谈提纲已提前设计好,这保证了不同访谈对象的数据收集方式和内容具有一致性。最后,在访谈开始之前,研究者进入现场并通过合法的"守门员"与访谈对象建立良好且相互信任的关系。以上三点保证了访谈内容的真实性和可靠性。

二、访谈资料的整理与分析

(一)访谈文本的转录与整理

访谈资料在转录和整理时的准确性是影响访谈有效性的重要因素之一。为保证访谈信息转录完整,内容准确,本书采用 SR101 录音笔,配合使用其开发的语音转录平台将语音资料转化为文本资料。该平台具有语音识别功能,配合国际领先翻译技术,提供语音转文字、录音转文字等功能,在资料录入的准确性、完整性方面有较好的保障。

(二)编码者间的信度评估

由于质性研究存在一定的主观性,因此,通过质性研究得出的分析结果的信度是研究者一直关注的问题。[①] 本书中访谈资料的编码由两位相关领域的研究者共同完成。归类一致性(Category Agreement, CA)是评估编码者间信度的有效方式,归类一致性指的是不同编码者对相同的访谈资料编码相同的个数占总个数的百分比,CA 计算公式如下:

---

① KVALE S. Validity in the qualitative research interview[J]. Psykologisk Skriftserie Aarhus,1987,12(1):68-104.

$$CA = \frac{2 \times S}{T_1 + T_2} \tag{3.1}$$

其中，S 表示两名编码者的归类一致数，T_1、T_2 分别代表两名编码者的编码总数。研究者在基于归类一致性的基础上提出了编码者信度系数 R 的计算公式[1]，编码信度系数公式如下：

$$R = \frac{n \times 平均相互同意度}{1 + (n-1) \times 平均相互同意度} \tag{3.2}$$

其中，平均相互同意度 $= (2 \times M)/(N_1 + N_2)$，$M$，$N_1$，$N_2$ 的含义分别与前述 S，T_1，T_2 相同[2]，n 为编码者的人数。计算结果如表 4-2 所示。

表 4-2　编码者信度系数计算表

被试编号	CA	R	被试编号	CA	R	被试编号	CA	R
1	0.86	0.81	6	0.81	0.67	11	0.82	0.68
2	0.84	0.78	7	0.92	0.69	12	0.78	0.84
3	0.95	0.75	8	0.80	0.75	13	0.77	0.87
4	0.82	0.76	9	0.80	0.75	14	0.80	0.67
5	0.81	0.89	10	0.93	0.77	15	0.83	0.77
全体被试			CA	0.84		R	0.78	

这两名编码者的总归类一致性 CA 是 0.84，总的信度系数 R 是 0.78，相关领域研究结果表明，就信度、效度而言[3]，归类一致性是对编码信度检验最为严格的要求，因此可以说明在该数值范围之内的编码结果具有较高的可信度和有效性。

三、信息饱和度分析

信息饱和度（Information of Saturation），又被称为理论饱和度（Theory

---

① SCHULTHEISS O C, BRUNSTEIN J C. Assessment of Implicit Motives With a Research Version of the TAT: Picture Profiles, Gender Differences, an Relations to Other Personality Measures[J]. Journal of Personality Assessment, 2001, 77(1): 71-86.

② 董奇. 心理与教育研究方法[M]. 广州：广东教育出版社，1992.

③ BOYATZIS R E. The competent manager: A model for effective performance[M]. US: John Wiley and Sons, 1982.

Saturation），即当被调查对象提供的信息和数据已经达到饱和，再增加被调查对象的数量已不能获得更多有效信息，此时，可以停止继续发放问卷或增加被访谈对象的数量。[①] 为了保证本次访谈的饱和度，在访谈 15 名学生之后，又追加 5 名学生进行访谈。经过对这 5 名学生访谈资料的编码分析，并未出现新的主轴编码项。因此，笔者认为本次访谈所获取的资料和信息在理论上是饱和的，无须再增加访谈对象。信息的饱和度也从资料完整性和充实性的角度证明了本次访谈的可靠性和有效性。

第四节　智慧学习环境下学习者认知负荷影响因素理论模型构建

　　为了进一步探究各影响因素对认知负荷影响的结构关系并对后续定量研究做铺垫，本节基于前述访谈研究得出的智慧学习环境下学习者认知负荷的影响因素构建智慧学习环境下学习者认知负荷影响因素理论模型。通常情况下，模型是对客观对象或系统的组成要素的结构关系的模拟，具有抽象化和标准化的特征，建模的过程即是以特定视角为基础，结合相关理论进行逻辑推理，用以揭示要素间所存在的结构、逻辑、因果等相关关系。[②]

　　美国教育学家 Reigeluth[③] 等指出模型构建的方法主要包含六个步骤，分别是：（1）选定拟开发的模型；（2）依据选定的模型设计实例；（3）依据实例收集数据，接着对数据进行分析；（4）对实例进行校正；（5）循环数据收集和校正的过程；（6）采用实验对模型进行校正。其后我国学者融合了 Reigeluth 的六步建模法和德尔菲法，经过权威专家的多轮验证，最终形成了四步建模法并应用在其研究当中，步骤包括：（1）结合相关研究的模型和理论成果，提出模型假设；（2）以模型假设为基础，探寻各研究要素间的内在联系，建立初

---

① 樊雅琴. 初中生个性化学习影响因素与促进策略研究［D］. 长春：东北师范大学，2019.
② 杨鑫，解月光，苟睿，等. 智慧课堂模型构建的实证研究［J］. 中国电化教育，2020（9）：50-57.
③ 杨鑫，解月光，赵可云，等. 校长信息化教学领导力模型构建及发展途径［J］. 现代远程教育研究，2018（4）：34-40,48.

始模型;(3)采用德尔菲法对初始模型进行循环校正,直至专家意见趋于统一;(4)确立最终模型。[①] 本书将采用四步建模法,构建智慧学习环境下学习者认知负荷影响因素理论模型。

一、提出模型假设

提出模型假设的首要任务是确定模型中所包含的指标要素,而指标要素的提炼方法通常包括通过文献研究法对过往相关研究成果进行梳理从而提炼要素的方法和通过实践提炼要素的方法。而本书已经在文献综述章节采用文献研究法总结梳理了认知负荷的影响因素,又在本章的前序小结采用访谈法确定了智慧学习环境下学习者认知负荷的影响因素,因此,不在此对模型中要素的提炼过程进行重复性的赘述,将直接采用访谈所得出的编码结果进行模型构建,即模型中共包含 28 个要素,分别是:内部认知负荷、外部认知负荷、关联认知负荷、学习者、学习材料、呈现方式、教学策略、操作交互、提示信息、动机、先备知识、认知能力、认知风格、态度、学习材料分解性、学习材料总结性、学习材料逻辑性、不同呈现方式、软硬件操作、交互容易性、界面设计、交互便捷性、学习材料组织形式、学生控制权、教学/学习方式、不同提示信息、学习兴趣激发、外部条件刺激。

二、模型初建

在确定智慧学习环境下学习者认知负荷影响因素理论模型的构成要素基础上,根据各部分之间的内在逻辑关系初步构建智慧学习环境下学习者认知负荷影响因素理论模型,如图 4-1 所示。从图 4-1 中可以看出,模型共分为三层:第一层是三种不同的认知负荷类型;第二层是将认知负荷影响因素对哪种认知负荷具有影响进行了逻辑连接;第三层则是各项影响因素的三级编码归类。

---

① 杨鑫,解月光,赵可云,等. 校长信息化教学领导力模型构建及发展途径[J]. 现代远程教育研究,2018(4):34-40,48.

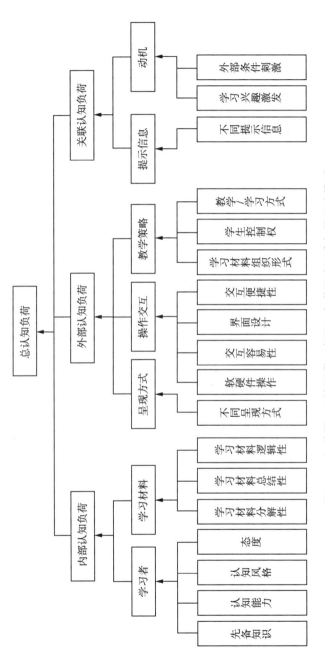

图 4-1　智慧学习环境下学习者认知负荷影响因素初始理论模型

三、模型循环校正

在模型循环校正环节,笔者选取教育技术学专家、心理学专家、一线教师、企业开发领域专家共 8 位组成专家组,基于德尔菲法专家函调校正的方法,进行函调文档的编制,征询专家组意见,再根据专家组的意见对模型进行修正,照此方法进行多次循环,直至专家组所有专家的意见趋于统一,则校正终止。

专家校正的过程共包括三轮,全部专家对现有模型的构成要素均表示具有较高的合理性,无须进行删减,要素间各层级划分也较为清晰,可以以目前的层级为基础,与此同时,专家也指出需要进行修正之处,三轮具体修正意见如表4-3所示。从表4-3中可以得出,第一轮修正专家认为应当增加总认知负荷这个要素,虽然总认知负荷作为三种认知负荷相加的和,将无须参与数据统计与计算,各影响因素也不对总认知负荷产生直接影响,而是通过影响三种不同类型的认知负荷进而影响总认知负荷,但将其纳入模型元素中可以更加显示现有模型的完整性;第二轮修正专家提出,各影响因素除了对认知负荷具有影响之外,也应当考虑到影响因素间的关系,其中应当添加学习者、学习材料、呈现方式、教学策略与动机间的逻辑关系;第三轮修正专家又指出,应当添加学习者与教学策略和操作交互间的逻辑关系、呈现方式与操作交互间的逻辑关系、教学策略与呈现方式的逻辑关系。经过三轮修正过后,专家的意见趋于统一。

表4-3　模型修正步骤表

	第一轮	第二轮	第三轮	第四轮
专家意见	增加"总认知负荷",去掉三种认知负荷间的关系	增加"学习者"、"学习材料"、"呈现方式"、"教学策略"与"动机"间的逻辑关系	增加"学习者"与"教学策略"和"操作交互"间的逻辑关系、"呈现方式"与"操作交互"间的逻辑关系、"教学策略"与"呈现方式"的逻辑关系	专家意见趋于统一
反馈	采纳并修正	采纳并修正	采纳并修正	模型修正结束

四、模型确立

经过三轮修正后,最终确立了智慧学习环境下学习者认知负荷影响因素理论模型,模型共包含四个层次:第一层次是总认知负荷;第二层次是内部认知负荷、外部认知负荷和关联认知负荷;第三层次是认知负荷的7个影响因素,各影响因素对不同类型认知负荷的影响以及各影响因素间的关系;第四层次是影响因素的三级编码。所设定的智慧学习环境下学习者认知负荷影响因素理论模型能够较为清晰和直观地反映出认知负荷各影响因素对不同认知负荷以及各影响因素间的影响关系,能够为后续量化研究奠定基础。

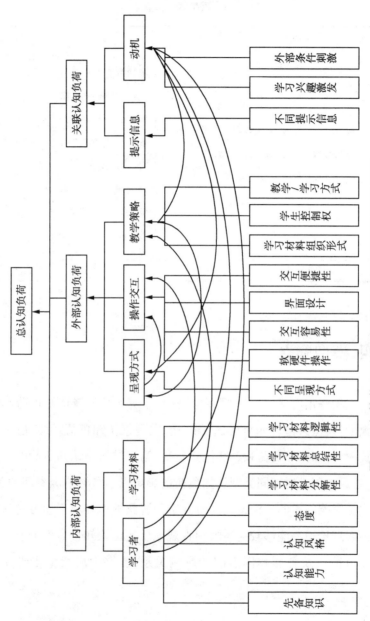

图 4-2 智慧学习环境下学习者认知负荷影响因素理论模型

第五章

智慧学习环境下学习者
认知负荷影响因素模型验证

智慧学习环境下学习者认知负荷影响因素与优化控制策略

笔者基于第四章得出的定性模型,使用调查问卷作为研究工具,利用结构方程模型法对上一章建立的智慧学习环境下学习者认知负荷影响因素理论模型进行量化和验证性的研究,从而获得各影响因素间以及各因素与认知负荷间的量化结构关系,使影响因素更准确、明晰。具体研究内容分为以下几部分:第一部分主要介绍了结构方程模型法;第二部分主要介绍了研究中智慧学习环境下学习者认知负荷影响因素假设模型的构建并演示提出假设、测量工具的设计与开发、定量数据收集以及分析的过程;第三部分对假设模型进行验证性分析,完成模型拟合、修正与参数估计;第四部分,确定拟合路径系数,验证假设,得出相关研究结论。

第一节 结构方程模型法

一、结构方程模型及其相关概念

结构方程模型也称潜在变量模型(Latent Variable Models,LVM),它是一种建模技术,能够反映自变量对因变量的影响效果关系。[①] 结构方程模型法基本上是一种验证性的方法,通常需要基于理论的支撑来构建假设模型图。结构方程模型有很多种不同的类型,其中基于协方差的结构方程模型在很大程度上受到研究者所设定的理论假设的影响,对研究的理论基础要求较高,研究结论所呈现的变量间关系更加精准和全面。[②③④] 结构方程模

---

① MOUSTAKI I , JÖRESKOG K G , MAVRIDIS D. Factor Models for Ordinal Variables With Covariate Effects on the Manifest and Latent Variables: A Comparison of LISREL and IRT Approaches[J]. Structural Equation Modeling A Multidisciplinary Journal, 2004, 11(4): 487-513.

② 吴明隆. 结构方程模型:AMOS 的操作与应用(第二版)[M]. 重庆:重庆大学出版社,2010.

③ FORNELL C G, BOOKSTEIN F L. Two structural equation models: LISREL and PLS applied to consumer exit-voice theory[J]. Journal of Marketing Research, 2001, 19(4): 440-452.

④ 邱皓政. 结构方程模式——LISREL 的理论、技术与应用[M]. 台北:双叶书廊有限公司,2005.

型具有理论先验性。该特性表明结构方程模型是对其假设因果模型或理论模型的一种验证性非探索性的统计方法,能够将"测量"与"分析"两种计量研究技术合二为一,借由观察标量对潜变量进行测量,从而探究其彼此间复杂的关系。

结构方程模型适用于大样本的统计分析,若追求稳定的结果分析,样本数量在 200 以上是较为合理的。[①] 结构方程模型主要整合了因素分析和路径分析两种分析技术,可用来完成一般线性模型分析,也可以用来确定变量间相互的依赖关系,关注整体模型的契合程度,因此,模型参考的指标也应是多元的。

二、结构方程模型中的变量

(一)显变量与潜变量

结构方程模型中的显变量是指可以被直接观测和度量的变量;而潜变量是指无法直接进行测量的变量,因为潜变量反映的是某种抽象的概念及含义,并不是真实存在的可测变量,因此,是通过可测量的观察变量作为测量指标所估量出来的。通常一个潜变量必须由两个以上的观察变量来估计。例如"学校气氛"是一个无法直接测量的潜变量,那么就可以通过"工作满足感""行政绩效"等可测指标来测量,测量通常存在误差。

(二)内生变量与外生变量

结构方程模型中的变量还可分为内生变量和外生变量。在一对因果关系的变量中,一些变量是另一些变量发生改变的起因。而另一些变量的改变往往是由其他变量的改变而引起的。一方面,能够引起模型中其他变量的改变并且该变量自身的变化受模型外部因素影响的变量称为外生变量,

---

① RIGDON E E. A necessary and sufficient identification rule for structural models estimated in practice[J]. Multivariate Behavioral Research, 1995, 30(3):359-383.

相当于自变量;另一方面,与外生变量对应的是内生变量,这些变量受系统的外生变量及其他内生变量的影响,相当于因变量。①

三、结构方程模型的分析步骤

完整的结构方程模型分析主要分为两个阶段,即模型发展阶段和模型的估计与评价阶段。前一阶段主要是基于一定的理论基础,构建能够反映各因素间结构关系的模型;后一阶段是利用收集的数据对模型进行量化评估,验证模型的适用性与合理性。使用结构方程模型分析具体问题时,通常有以下几个步骤②:

(一)模型设定

构建结构方程模型的第一步是要依据相关的理论基础和现有的研究结果建立概念模型,以清晰地描述各变量间的相互关系。通过建立模型的路径图,反映各潜变量与测量变量以及各个潜变量之间的关系,是较为有效的模型设定方法。

(二)模型拟合

模型拟合也称模型识别,其目的是确定模型的未知参数能否由观测到的样本求得唯一解进行估计,并使得构建的模型中隐含的协方差矩阵与样本的协方差矩阵尽可能接近。结构方程模型拟合的参数估计的方法有很多,较常被使用的参数估计方法有:极大似然估计法(Maximum Likelihood Estimation, MLE)、最小二乘法(Least Square Method, LSM)、最大后验概率估计(Maximum a Posteriori Estimation, MAPE)等。后续在模型拟合过程中会详细介绍本书所采用的方法。

---

① KLINE R B. Principles and practice of structural equation modeling [M]. New York: The Guilford Press, 1998.
② 邱皓政, 林碧芳. 结构方程模型的原理与应用[M]. 北京: 中国轻工业出版社, 2009.

(三)模型评估

模型评估是对模型进行假设检验以确定结构方程模型的解是否得到,迭代估计能否收敛,参数的估计值是否在合理范围之内。检验整体模型的拟合指数,以衡量模型与样本数据的适配程度,包括模型的 χ^2 检验(Chi-square Index)、近似误差平方根 RMSEA(Root Mean Square Error of Approximation)、平均残差平方根 RMSR(Root Mean Square Residual)、拟合优度指数 GFI(Goodness-of-Fit Index)等。

(四)模型修正

模型修正也称模型修正探索。结构方程模型的构建不是一蹴而就的,而是需要不断重复递进的,在所构建的初始模型与实际样本数据之间的拟合情况没有达到相应的标准时,就需要对模型进行修正。模型修正即是对构建的原始模型进行调整,弥补其不足之处以提高原始模型的适配程度。模型修正可以通过修改测量模型、增加新的结构参数(Structural Parameters)、将某些误差项[测量误差(Measurement Errors)或结构误差(Structural Errors)]设定为相关等方式实现。

第二节　智慧学习环境下学习者认知负荷影响因素假设模型构建及测量

一、智慧学习环境下学习者认知负荷影响因素假设模型

根据访谈研究的相关结论、前述建立的智慧学习环境下学习者认知负荷影响因素理论模型,笔者提出智慧学习环境下学习者认知负荷影响因素

假设模型,如图 5-1 所示。

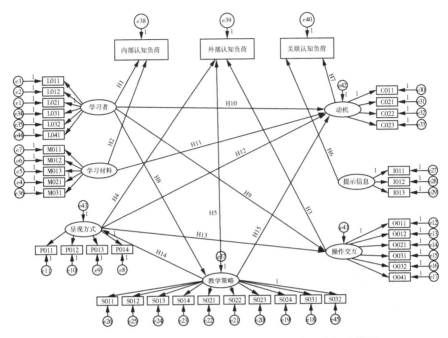

图 5-1　智慧学习环境下学习者认知负荷影响因素假设模型

模型中共包含 10 个变量。其中包括:3 个因变量,分别是内部认知负荷、外部认知负荷和关联认知负荷,这 3 个因变量能够通过直接测量获得,因此是显变量;7 个自变量,分别是学习者因素、学习材料因素、呈现方式因素、操作交互因素、教学策略因素、提示信息因素和动机因素,这 7 个变量不能直接获得测量数据,因此是潜变量。其中学习者因素的可测变量是学习者的先备知识、学习者的认知能力、学习者的认知风格和态度;学习材料对应的可测变量是学习材料的分解性、学习材料的总结性、学习材料的逻辑性;呈现方式对应的可测变量是不同的呈现方式;操作交互的可测变量是软硬件操作、交互容易性、界面设计和交互便捷性;教学策略因素的可测变量是学习材料组织形式、学生控制权、教学/学习方法;提示信息因素的可测变量是不同的提示信息;动机因素的可测变量是学习兴趣激发和外部条件刺激。由此可见,该模型是由多个显变量和潜变量组成的混合模型,以下将从结构方程模型的结构模型和测量模型两个方面研究该混合模型中包含的影响因素之间的假设关系。

（一）结构模型

基于智慧学习环境下学习者认知负荷影响因素所构建的模型,确定为本书的假设模型,如图5-1所示,并提出各影响因素以及影响因素与因变量之间具有的15个逻辑关系,基于这些逻辑关系笔者提出15个假设,假设内容如下:

H1:智慧学习环境下学习者因素对学习者内部认知负荷存在显著的负向影响关系。

H2:智慧学习环境下学习材料因素对学习者内部认知负荷存在显著的负向影响关系。

H3:智慧学习环境下操作交互因素对学习者外部认知负荷存在显著的负向影响关系

H4:智慧学习环境下呈现方式因素对学习者外部认知负荷存在显著的负向影响关系。

H5:智慧学习环境下教学策略因素对学习者外部认知负荷存在显著的负向影响关系。

H6:智慧学习环境下提示信息因素对学习者关联认知负荷存在显著的正向影响关系。

H7:智慧学习环境下动机因素对学习者关联认知负荷存在显著的正向影响关系。

H8:智慧学习环境下学习者因素对教学策略因素具有显著正向影响关系。

H9:智慧学习环境下学习者因素对操作交互因素具有显著正向影响关系。

H10:智慧学习环境下学习者因素对动机因素具有正向影响关系。

H11:智慧学习环境下学习材料因素对动机因素具有正向影响关系。

H12:智慧学习环境下呈现方式因素对动机因素具有正向影响关系。

H13:智慧学习环境下呈现方式因素对操作交互因素具有正向影响关系。

H14:智慧学习环境下教学策略因素对呈现方式因素具有正向影响关系。

H15:智慧学习环境下教学策略因素对动机因素具有正向影响关系。

（二）测量模型

本书自变量问卷根据前述访谈结果进行开发，因变量"认知负荷"量表将内部认知负荷、外部认知负荷和关联认知负荷分开测量，以保证认知负荷测量的准确性。因变量问卷测量所使用的测量指标参考了学者 Gerjets 等在其实验研究中所使用的认知负荷量表，该量表是由 NASA-TLX 认知负荷量表改编而来，并在先前的研究中成功区分了内部认知负荷、外部认知负荷和关联认知负荷。该量表原本被用于测量在超媒体环境中学生学习概率论时所产生的内部认知负荷、外部认知负荷和关联认知负荷，因为本书同样是针对具体的学习环境来探究学习者的认知负荷，因此该量表具有较高的适用性。同时，根据本书的研究需要，笔者还将上述量表融合了学者 Leppink 等开发的认知负荷测量量表，对题目做相应改动，使最终的认知负荷测量量表更加准确。① 此外，两个原始量表分别采用的是李克特九点量表计分法和十点量表计分法，但本书中在测量认知负荷影响因素时所采用的调查问卷是李克特五点量表计分法，因此，为保证数据运算时的一致性，在运用最终的认知负荷量表时，也将其改为李克特五点量表计分法进行使用，新构成的量表共有 5 个题目，其中内部认知负荷的测量有 1 道题目，外部认知负荷的测量有 3 道题目，关联认知负荷的测量有 1 道题目，修改后题目如表5-1所示，其信度和效度在后续章节有所验证。

---

① LEPPINK J, PAAS F, VAN DER VLEUTEN C P M, et al. Development of an instrument for measuring different types of cognitive load[J]. Behavior Research Methods, 2013, 45(4): 1058-1072.

表 5-1　认知负荷的测量题目

认知负荷的类型	题目
内部认知负荷	你认为智慧学习环境中完成学习任务时付出的脑力劳动和心理努力很多吗？（例如在完成任务时你需要思考、决定、计算、记忆、观察、搜索等才能完成任务。）
外部认知负荷	你需要很努力才能适应智慧学习环境并理解环境中的学习内容吗？
	在智慧学习环境中你识别有效信息和无效信息时感到困难吗？
	在智慧学习环境中你搜索到全部你需要的信息时感到困难吗？
关联认知负荷	在智慧学习环境中学习增强了你对学习内容和学习主题的理解。

二、认知负荷及其影响因素的测量

为进一步探究各类影响因素以及各影响因素与因变量之间的关系，从而验证理论假设，笔者以智慧学习环境下学习者认知负荷假设模型为基础，对模型中所涉及的变量进行可量化的操作，设计并开发了智慧学习环境下学习者认知负荷影响因素调查问卷，并通过专家咨询法、问卷信度与效度的检验对该问卷的有效性进行了验证，以保证后续实验的有效性。

（一）调查问卷的开发

笔者在假设模型中对变量的属性进行了界定，根据显变量和潜变量各自的属性，智慧学习环境下学习者认知负荷影响因素调查问卷共包含两部分：

第一部分是潜变量调查问卷。笔者构建的智慧学习环境下学习者认知负荷影响因素假设模型为混合模型，该模型中包含的潜变量有学习者、学习材料、呈现方式、操作交互、教学策略、提示信息和动机 7 项。因此，潜变量调查问卷共包含 7 个分问卷对上述 7 个潜变量进行测量。而每个分问卷中测量题目设定的依据是基于访谈中对相关文本资料进行编码后得出的相应结论,再对每项测量指标进行可量化的操作,以此形成针对每个测量指标的测量题目。

第二部分是显变量调查问卷,也是因变量认知负荷的调查问卷,该问卷共包含5个题目。

整体问卷采取李克特五点量表测试法,共包括43个题目。其中,潜变量调查问卷共38个题目,分别包括6个对学习者因素的测量题目,5个对学习材料因素测量的题目,4个对呈现方式因素测量的题目,6个对操作交互因素测量的题目,10个对教学策略因素测量的题目,3个对提示信息因素测量的题目,以及4个对动机因素测量的题目。显变量测量问卷共5个题目:内部认知负荷1个测量题目,外部认知负荷3个测量题目,关联认知负荷1个测量题目。为保证测量工具的有效性,在问卷编制完成且发放调查之前,本书采用专家法,分别请教育技术学领域的专家、心理学领域的专家和中学一线教师对该调查问卷进行修订,形成最终的调查问卷,见表5-2。

表5-2　智慧学习环境下学习者认知负荷及其影响因素调查问卷

认知负荷影响因素的测量			
潜变量	可测变量	测量题目	题目来源
学习者因素	先备知识 (L01)	L011:在智慧学习环境能测试我的先备知识状态,使后续教学设计更适合我。	根据访谈文字资料分析所得出的2个测量指标
		L012:智能系统能根据我的知识水平推送预习内容,为我提供学科相关的基础知识,这使我学习更轻松。	
	认知能力 (L02)	L021:个人认知能力(个人通过不同的思维能处理不同类型的问题从而使问题得到解决)水平的高低将直接影响我的认知负荷。	文献参考
	认知风格 (L03)	L031:我善于掌握事物本质,遵循逻辑规律,理性分析事情。	文献参考
		L032:我喜欢从多个角度思考问题,尝试寻求一个问题的不同种解决方法。	
	态度 (L04)	L041:我认为智慧课堂很有用,比起传统课堂我对在智慧课堂中学习持积极态度。	

续表

潜变量	可测变量	测量题目	题目来源
学习材料因素	学习材料分解性（M01）	M011：我认为智慧学习环境中传递的知识能采用分解模块的方式，具有分解性，比起传统方式更容易接受。	根据访谈文字资料分析所得出的3个测量指标
		M012：我认为智慧学习环境中的系统将知识点分类了，使我能循序渐进地学习。	
		M013：智慧学习环境中，同一时间传递的知识数量或者信息数量适中，在我承受范围内。	
	学习材料总结性（M02）	M021：智慧学习环境中的学习材料有对本节知识点的总结、归类和整理，这减轻了我的学习负担。	根据访谈文字资料分析所得出的测量指标
	学习材料逻辑性（M03）	M031：我认为智慧学习环境中的网络资源与学科知识的关联性很高，且安排有序。	根据访谈文字资料分析所得出的测量指标
呈现方式因素	呈现方式（P01）	P011：我喜欢增强现实（AR）或虚拟现实（VR）技术的使用，这使我理解知识时变得简单。	根据访谈文字资料分析所得出的4个测量指标
		P012：我觉得智慧学习环境中的多媒体设备呈现的图片和视频清晰又美观，使我更有学习兴趣。	
		P013：我认为智慧学习环境中个人移动端呈现教学内容或平板电脑和大屏幕同时呈现信息，对我很有帮助。	
		P014：系统中呈现的视觉支持（例如，"温度"两个字用温度计代表）、导航（例如"学习资源的目录""下一步"等提示字样等信息）使我学习更轻松。	

续表

潜变量	可测变量	测量题目	题目来源
操作交互因素	软硬件操作（O001）	O011：我认为智慧学习环境中的硬件如平板电脑、交互式白板、教育终端一体机等操作起来很轻松，没有困难，操作设备没有分散我的注意力，我能在操作设备的同时学习知识，没有给我带来额外的负担。	根据访谈文字资料分析所得出的2个测量指标
操作交互因素	软硬件操作（O001）	O012：我认为智慧学习环境中的软件如拍照上传答案、资源搜索、数学工具等操作起来很轻松，没有困难且没有分散我的注意力。	根据访谈文字资料分析所得出的2个测量指标
操作交互因素	交互容易性（O002）	O021：智慧学习环境中的软件应用系统提供信息和处理信息的速度足够快，卡顿的情况比较少。	根据访谈文字资料分析所得出的测量指标
操作交互因素	界面设计（O003）	O031：智慧学习环境中的硬件应用系统界面刷新速度足够快。	根据访谈文字资料分析所得出的2个测量指标
操作交互因素	界面设计（O003）	O032：智慧学习环境中的软件应用系统界面设计合理简洁，只需要很少的操作就能找到我需要的学习内容。	根据访谈文字资料分析所得出的2个测量指标
操作交互因素	交互便捷性（O004）	O041：智慧学习环境能使我通过技术设备和课程平台与教师以及学习同伴实现很好的交互。	根据访谈文字资料分析所得出的测量指标
教学策略因素	学习材料组织形式（S01）	S011：我认为智慧学习环境中的技术、资源等使用合理，有一定的逻辑性，有利于我的学习。	根据访谈文字资料分析所得出的4个测量指标
教学策略因素	学习材料组织形式（S01）	S012：智慧学习环境中的学习材料能做到逐步整合，而不是仅仅呈现零散的知识点，这有利于我的学习和记忆。	根据访谈文字资料分析所得出的4个测量指标
教学策略因素	学习材料组织形式（S01）	S013：材料和资源中有清晰的符号和图片，这些信息取代了大量的文字，比例适当，使学习内容更有概括性，提高学习效率。	根据访谈文字资料分析所得出的4个测量指标
教学策略因素	学习材料组织形式（S01）	S014：智慧学习环境中学习材料的组织顺序会影响我学习时的感受和效率。	根据访谈文字资料分析所得出的4个测量指标

续表

潜变量	可测变量	测量题目	题目来源
教学策略因素	学生控制权（S02）	S021：智慧系统的个人智能数据库能让我定时回顾和搜索知识，使我的学习变得更轻松。	根据访谈文字资料分析所得出的 4 个测量指标
		S022：智慧课堂中我有一定的权力控制设备，例如暂停或回看视频等。	
		S023：智慧课堂中我有一定权力控制学习节奏，按照自己的意愿安排学习内容的顺序。	
		S024：我能按照我自己的意愿安排练习的顺序。	
	教学/学习方式（S03）	S031：教学方式的选用适合教学内容（例如自主学习或合作学习），并能与智能设备紧密结合，不是为了改变学习方式强行使用的。	根据访谈文字资料分析所得出的 2 个测量指标
		S032：教师控制和学生控制课堂的时间分配较为合理。	
提示信息因素	提示信息（I01）	I011：智慧学习环境中的提示系统会提示我完成作业、习题等。	根据访谈文字资料分析所得出的 3 个测量指标
		I012：在完成习题时，我认为系统标注该题所涉及的知识点很有必要。	
		I013：学习材料或者习题中适当的提示性信息很有必要，例如实验的操作步骤、答题步骤等。	
动机因素	学习兴趣激发（C01）	C011：智慧课堂支持游戏化学习、增强现实技术、虚拟现实技术等让我觉得很有趣。	根据访谈文字资料分析所得出的测量指标
	外部条件刺激（C02）	C021：智慧课堂能记录我的数据和成绩，还会给我评分，我想拥有优秀的数据和成绩，这增加了我学习的动力。	根据访谈文字资料分析所得出的 3 个测量指标
		C022：与同学进行讨论或进行探究式学习时，我能获得更多有用的信息或采纳他人的意见，这使我更加主动地思考问题，积极寻找问题的答案。	
		C023：当我完成学习内容或者练习题时，系统会给我激励式的反馈，例如一个笑脸，一句鼓励的话等，这激发了我更加努力学习。	

续表

认知负荷的测量		
认知负荷类型	测量题目	题目来源
内部认知负荷	IC1：你认为智慧学习环境中完成学习任务时付出的脑力劳动和心理努力很多吗？（例如在完成任务时你需要思考、决定、计算、记忆、观察、搜索等才能完成任务。）	文献参考
外部认知负荷	EC1：你需要很努力才能适应智慧学习环境并理解环境中的学习内容吗？ EC2：在智慧学习环境中你识别有效信息和无效信息时感到困难吗？ EC3：在智慧学习环境中你搜索到全部你需要的信息时感到困难吗？	文献参考
关联认知负荷	GC1：在智慧学习环境中学习增强了你对学习内容和学习主题的理解。	文献参考

（二）测量数据的收集与分析

笔者将经过专家审定的测量问卷修订版本利用问卷星工具在网络上进行发放，问卷的调查分为两部分，分别是问卷预测试和问卷正式测试。

为了保证问卷调查的有效性和可靠性，在正式的问卷调查之前，笔者进行小范围的问卷预测试。问卷预测试的对象是 B 市某重点中学初中一年级的 68 名学生，其中男生 36 人，女生 32 人，平均年龄 13.33 岁。问卷发放采用的是问卷星工具，本次问卷预测试共历时 5 天，回收问卷 61 份，问卷回收率为 89.71%，除去 5 份无效问卷，最终可纳入数据统计的调查问卷有 56 份。对预测问卷进行信效度检验，其克朗巴哈系数（Cronbach's α）值为 0.927，说明该问卷有良好的信度；KMO 值为 0.707，Bartlett's 球形检验近似卡方值为 1639.681，并在 0.001 的水平上显著，该结果表明预测问卷具有良好的效度。综上所述，预测问卷具有良好的信效度和可操作性，可以依据预测问卷进行正式的问卷调查。

正式的调查问卷的测量对象是 C 市 S 中学的 598 名学生,问卷星后台共计回收问卷 589 份,经过统计筛选,其中有效问卷 542 份,有效问卷回收率达到 92.02%。其中:男生 299 人,占总人数的 55.17%;女生 243 人,占总人数的 44.83%,因此此次调查的性别比例差距不大,基本保持了男生和女生的性别平衡。参与本次调查的调查对象包括该中学七年级、八年级和九年级的学生,七年级学生共计 191 人,占总人数的 35.24%,八年级学生共计 172 人,占总人数的 31.73%,九年级学生共计 179 人,占总人数的 33.03%,三个年级学生数量分布也相对平均。被调查者的平均年龄是 14.45 岁,其中年龄的极小值是 12 岁,极大值是 17 岁,年龄众数是 15 岁。

笔者编制的调查问卷分为潜变量测量问卷和显变量测量问卷,其中潜变量测量问卷是对模型中的七个潜变量进行测量,显变量测量问卷是对模型中的三个显变量进行测量。然而,部分潜变量的测量指标并非由单一题目组成,一个潜变量要通过两个及两个以上的题目进行测量。因此,笔者首先采取探索性因子分析的方法对潜变量测量问卷的建构效度进行检验,所使用的数据分析软件是 SPSS 22.0。

1. 效度检验

效度(Validity)即测量的正确性,通常指测验或其他测量工具确实能够测得其所要测量的问题的程度,测量的效度越高,表明测量的结果越能显示其所要测量的内容的真实特征。[①] 效度一般有三种评估方式,分别是内容效度、校标关联效度和构念效度。

(1)内容效度

内容效度(Content Validity)反应测量工具本身内容范围与广度的适切程度,对内容效度的评估主要是通过对测量工具的目的和内容进行系统的逻辑分析。针对本书而言,研究中所使用的显变量调查问卷题目来自经典量表,可以认为具有良好的内容效度;潜变量调查问卷各指标项的确立是基

---

① 邱皓政. 量化研究与统计分析:SPSS(PASW)数据分析范例[M]. 重庆: 重庆大学出版社, 2013.

于充分的理论基础、参考文献以及访谈的深度挖掘所设定的,特别是来源于访谈内容的测量指标,是在访谈过后,结合扎根理论,进行了三级编码分析得到的。通过上述分析过后,建立起了智慧学习环境下学习者认知负荷各影响因素间以及自变量与因变量间的逻辑结构关系,最终确立了各个测量指标项,因此可以认为本书所使用的调查问卷具有较好的内容效度。

(2)效标关联效度

效标关联效度(Criterion-related Validity)是以测验分数和特定效标之间的相关系数来表示测量工具的有效性的,但效标关联效度的测量指标之一"被认可的指标"很难被发现且可靠性判定存在问题,因此,采用效标关联效度衡量调查问卷的效度在研究领域一直存在一定争议,故本书不采用该方法进行效度检验。

(3)构念效度

构念效度(Construct Validity)是指测量工具能够测得一个抽象概念或者特质的程度,与构念效度直接相关的是因素效度,即测验理论背后的因素结构的有效性,通常因素效度的检验主要是通过因素分析技术,本书将使用探索性因子分析和验证性因子分析来对潜变量调查问卷进行效度的检验。

a. 探索性因子分析

在对潜变量问卷进行探索性因子分析时,本书将潜变量问卷中的 38 个题目全部纳入其中,设定因子分析方法为主成分分析法,基于特征值进行抽取,抽取的标准则是特征值大于 1。同时,因子的旋转方法采用的是正交转轴法中的最大方差法,该方法能使得因子载荷量的分配更加具有区分度。在进行探索性因子分析前,首先对潜变量测量问卷进行 KMO 检验和 Bartlett's 球形检验,以确定潜变量问卷数据是否适合进行因子分析,结果表明,潜变量测量问卷的 *KMO* 值为 0.925。相关研究结果表明,当 *KMO* 值大于 0.7 时,结果适合做因子分析,当 *KMO* 值大于 0.9 时,结果非常适合做因子分析。[①] 依据此研究结果,本书的潜变量问卷结果非常适合进行因子分

---

① KAISER H F, RICE J. Little jiffy, mark IV[J]. Educational Psychological Measurement, 1974, 34(1): 111-117.

析。此外,潜变量测量问卷的 Bartlett's 球形检验值为 14037.676(df = 703),且显著性检验的 P 值小于 0.001,该结果也表明潜变量测量问卷中的各题目之间存在关联,适合进行因子分析。

在 KMO 和 Bartlett's 球形检验通过之后,本书采用主成分分析法对各测量题目之间的公因子方差进行分析,以检验问卷中测量题目之间的关联性和共同性。第一次分析结果表明潜变量测量问卷中的全部题目提取后,除题目 S024 的公因子方差为 0.158,其余题目的公因子方差提取结果均大于 0.2,根据共同性的值判定标准,S024 变量所包含的信息能被提取的公因子的程度不满足要求,因此将 S024 题目删除,删除后重新进行探索性因子分析。

第二次探索性因子分析潜变量问卷 KMO 和 Bartlett's 球形检验结果显示,KMO 值等于 0.925,Bartlett's 球形检验值为 13692.646(df = 666),结果非常适合进行因子分析,因此接下来对问卷进行第二次探索性因子分析。第二次探索性因子分析各题项的公因子方差结果如表 5-3 所示。

表 5-3 第二次公因子方差结果

测量题目	初始	提取	测量题目	初始	提取
L011	1.000	0.640	O032	1.000	0.736
L012	1.000	0.714	O041	1.000	0.696
L031	1.000	0.638	S011	1.000	0.765
L032	1.000	0.987	S012	1.000	0.760
L021	1.000	0.657	S013	1.000	0.714
L041	1.000	0.660	S014	1.000	0.766
M011	1.000	0.664	S021	1.000	0.763
M012	1.000	0.809	S022	1.000	0.726
M013	1.000	0.828	S023	1.000	0.759
M021	1.000	0.844	S031	1.000	0.774
M031	1.000	0.572	S032	1.000	0.743
P011	1.000	0.794	I011	1.000	0.794
P012	1.000	0.751	I012	1.000	0.818
P013	1.000	0.840	I013	1.000	0.779

续表

测量题目	初始	提取	测量题目	初始	提取
P014	1.000	0.842	C011	1.000	0.685
O011	1.000	0.728	C021	1.000	0.705
O012	1.000	0.752	C022	1.000	0.688
O021	1.000	0.650	C023	1.000	0.627
O031	1.000	0.752			

提取方法:主成分分析法。

表 5-3 的结果显示,潜变量测量问卷中的全部题目提取后,结果均大于 0.2,根据共同性的值判定标准,无须进行题目删除。第二次探索性因子分析的因子提取结果表明,经过主成分分析后一共从潜变量测量问卷中提取出 8 个共同因子。结果表明 8 个因子的累计解释总方差为 74.111%。其中,解释变异量最大的为第一个共同因子(26.944%),解释变异量最小的为第八个共同因子(2.739%),相关研究结果表明,在社会科学的研究中累计解释总变量大于 50% 尚可接受,大于 60% 认为研究数据有共同因子存在,数据可靠。因此,本书开发的相关潜变量问卷数据可靠。

为更好地解释通过主成分分析法提取的 8 个共同因子之间的差异,本书采用最大方差法,将提取后的 8 个共同因子进行正交旋转。转轴过程采用具有 Kaiser 标准化的正交旋转法,旋转在 6 次迭代后收敛。在将潜变量调查问卷中的 37 个题目全部纳入探索性因子分析的情况下,潜变量测量问卷共提取 8 个共同因子,通过进一步分析各测量题目的因子载荷情况可知,认知风格测量题目中的 L032,经过第一次探索因子分析后并没有与其他任何题目形成共同因子,而是独立形成了一个因子。根据探索性因子分析的计算原理,解决上述情况的方法可以通过将出现上述问题的题目删除,而后将会引起共同因子载荷情况的重新分配。因此,本书遵循该原则,将与测量预期不相符的题目 L032 从问卷中删除,接着对剩余的 36 个题目重新进行探索性因子分析。结果表明,在删除潜变量问卷中的 L032 题目后,问卷的 KMO 值为 0.926,Bartlett's 球形检验的 χ^2 值为 13672.429($df = 630$)且在 0.001 的水平

上达到显著,所有测量题目的公因子方差均大于 0.5,经过最大方差法计算后,共提取了 7 共同因子,累积解释总方差为 73.331%,探索性因子分析旋转成分矩阵如表 5-4 所示。

表 5-4 探索性因子分析旋转成分矩阵[①]

	成分						
	1	2	3	4	5	6	7
S031	0.857	0.140					
S021	0.853	0.138					
S011	0.851	0.157					
S023	0.847	0.165					
S014	0.844	0.132	0.105		0.118		
S012	0.840	0.122	0.119		0.111		
S032	0.835	0.152					
S022	0.832						
S013	0.812	0.117		0.127			0.108
O012	0.152	0.848					
O031	0.196	0.839					
O032	0.147	0.837					
O011	0.108	0.834					
O041	0.224	0.782					
O021	0.170	0.775					
M021			0.885	0.153		0.129	0.100
M013			0.882	0.125		0.131	
M012			0.869	0.173		0.103	
M011	0.180		0.748	0.147		0.129	0.167
M031	0.127		0.681	0.129	0.203	0.142	0.103
L012			0.128	0.825			
L011				0.767	0.182		
L031			0.156	0.765			0.133
L041			0.157	0.759	0.140	0.141	0.112
L021	0.175		0.157	0.754		0.145	

续表

	成分						
	1	2	3	4	5	6	7
P014	0.124				0.898		
P013		0.122		0.114	0.894		
P011		0.125	0.104	0.175	0.847		
P012	0.111			0.135	0.837		
C021	0.121		0.140			0.808	
C022			0.138	0.144		0.798	
C011	0.140	0.134				0.786	
C023	0.135		0.173			0.750	
I012	0.128		0.133	0.126		0.120	0.866
I011			0.140	0.150			0.855
I014	0.143		0.168	0.144			0.831

提取方法：主成分分析法。

旋转法：具有 Kaiser 标准化的正交旋转法。

① 旋转在 6 次迭代后收敛。

　　从表 5-4 中可以看出，经过删减后的潜变量调查问卷中的 36 个题目全部纳入探索性因子分析的情况下，潜变量测量问卷共提取 7 个共同因子。第一个公因子包含题目 S031、S021、S011、S023、S014、S012、S032、S022、S013，其中 S01 题项测试的是学习材料的组织形式，S02 题项测试的是学生对课堂的掌控权力，S03 题项测试的是教学和学习方式，这三种题项均属于外部认知负荷的影响因素范畴，且都是与课堂教学策略以及课堂设计紧密相关的题目，公因子有一定的内在逻辑且与初始题目设计时的初衷相符合，因此，将该公因子命名为"教学策略"。第二个公因子包含题目 O012、O031、O032、O011、O041、O021，其中题项 O01 测试的是学习者对智慧学习环境中软硬件设备的操作情况，O02 题项测试的是学习者与智慧学习环境中软硬件交互的容易性，O03 题项测试的是界面设计的合理性，O04 题项测试的是学习者与设备、教师以及学习同伴交互的便捷性，这三个题项都属于外部认知负荷的影响因素范畴，且具有一定的共同特征，即测量的都是技术的操作与交互，因此该公因子具有内在逻辑性且与问卷设计初衷一致，本书将该公因子命名为"操作交互"。第三个公因子包含题目 M021、M013、M012、M011、M031，其中 M01 题项测试的是学习材料的分解性，M02 题项测试的是学习材料的总结性，M03 题项测试的是学习材料的逻辑性，这三种题项都是内部认知负荷的影响因素，且属于学习材料的范畴，三种题项内部存在较强的逻辑关系且与问卷设计的初衷一致，因此，将该公因子命名为"学习材料"。第四个公因子包含题项 L012、L011、L031、L041、L021，其中 L01 题项测试的是学习者的先备知识以及智慧学习环境中的技术对先备知识的补充情况，L02 测试的是学习者个人的认知能力，L03 测试的是学习者个人的认知风格，L04 测试的是学习者在智慧学习环境中学习时所持有的态度，这三种测试题目均属于内部认知负荷影响因素的范畴，且测试的都是学习者的个人特征，因此将该公因子命名为"学习者"。第五个公因子包含题项 P014、P013、P011、P012，P01 题项测试的是在智慧学习环境中所使用的技术呈现方式，属于外部认知负荷影响因素的测量范畴，将该公因子直接命名为"呈现方式"。第六个公因子包含的题项有 C021、C022、C011、C023，其中 C01 题项测试的是智慧学习环境对学习者学习兴趣的激发，C02 题项测试的是智慧学习环境中所产生的特有条件对学习者学习的激励或刺激，该两种题项都属于关联认知负荷测试范畴，且反映了环境对学习者的激发，因此将该公因子命名为"动机"。第七个公因子包含的题项有 I012、I011、I013，I01 题项测试的是学习过程中由技术提供的支持性信息对学习者关联认知负荷的影响，因此命名该公因子为"提示信息"。

b. 验证性因子分析

探索性因子分析是能够将具有错综复杂关系的变量综合为少数几个核心因子的分析，而验证性因子分析是用来检测设定的因子结构是否有效且具有理论意义的分析，因此本节采用 AMOS 23.0 构建验证性因子分析路径结构图，如图 5-2 所示，继续对上述问卷进行验证性因子分析，并从结构效度、聚合效度和区分效度三方面来验证。

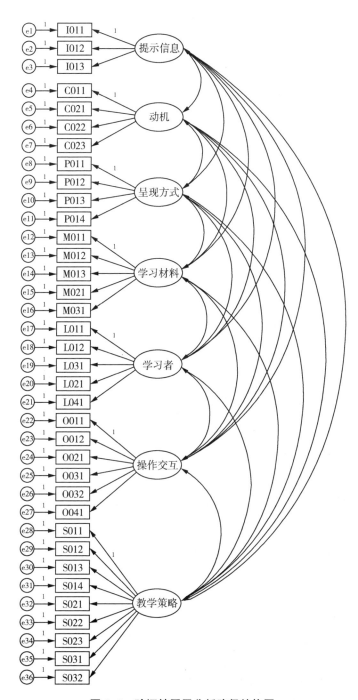

图 5-2 验证性因子分析路径结构图

结构效度(Construct Validity)是反映量表实际结构是否与研究者构想的理论结构相符的考核指标。结构效度的主要评价指标分为三大类,分别是绝对适配度统计量、增值适配度统计量和简约适配度统计量。

绝对适配度统计量主要包括 χ^2/df、RMR、$SRMR$、$RMSEA$、GFI、$AGFI$ 等,其中 χ^2/df 是卡方与自由度的比值,将其作为模型适配度的评价指标可以排除假设模型中的待估参数对模型适配情况的影响,通常认为当(χ^2/df)<1 时,模型过度识别,当 $1 \leqslant (\chi^2/df) \leqslant 3$ 时,表明模型可以接受,适配度良好,当(χ^2/df)>3 时,模型识别度低,需要修正。$RMSEA$ 属于残差类评价指标,而残差是影响结构方程模型适配情况的一个重要参数,该指标综合考量了表示模型复杂性的自由度和残差情况,因此通常被认为是最有说服力的适配情况评价指标,同时,该指标的值越小,说明模型适配情况越好,当 $RMSEA>0.10$ 时表示模型适配度欠佳,当 $0.08 \leqslant RMSEA \leqslant 0.10$ 时,表明模型尚可接受,当 $0.05 \leqslant RMSEA \leqslant 0.08$ 时,表明模型适配情况良好,当 $RMSEA<0.05$ 时,则表示模型适配情况非常好。[①②] GFI 是指适配度指数,通常用以衡量观测变量方差协方差 S 矩阵能够被模型引申的方差协方差矩阵预测的程度,$AGFI$ 是指调整后的适配度指数,是根据假设模型自由度对适配度指数进行修正计算所得出的结果,相关研究结果表明,当 GFI 和 $AGFI$ 的值大于 0.9 时表示模型适配情况可以接受。[③④]

增值适配度统计量主要包括 CFI、IFI、TLI、NFI、RFI 等。通常认为,上述五个指标的值应介于0—1之间,越接近1则表明模型适配情况越好,当指标的值大于 0.90 时,表示模型可以接受。

简约适配度统计量主要包括 $PNFI$、$PCFI$ 等指标。简约适配度统计量主要用以评价模型的精简程度,也可用以判定自由度确定的假设模型的适配

① 黄芳铭. 结构方程模式:理论与应用[M]. 北京:中国税务出版社,2005.

② BROWNE M W, CUDECK R. Alternative ways of assessing model fit[M]//BOLLEN K A, LONG J S. Testing structural equation model[M]. Newbury Park:CA Sage, 1993.

③ SEYAL A H, RAHMAN M N A, RAHIM M M. Determinants of academic use of the Internet: a structural equation mode[J]. Behaviour and Information Technology, 2002, 21(1):71-86.

④ SCOTT J E. The Measurement of Information Systems Effectiveness: Evaluating a Measuring Instrument[J]. Acm Sigmis Database, 1995, 26(1):43-61.

情况,通常认为上述两项指标大于 0.5 则适配情况良好。

根据上述模型适配评价标准,本书运用上述拟合系数对设定的模型进行整体适配情况的检验,各指标的检验结果以及评价标准如表 5-5 所示。

表 5-5　验证性因子分析模型拟合指数表

类别	指数名称	评价标准	检验结果	接受情况
绝对适配度	χ^2/df	大于等于 1 且小于等于 3	1.332	接受
	$RMSEA$	小于 0.05 且越小越好	0.025	接受
	GFI	大于 0.9	0.929	接受
	$AGFI$	大于 0.9	0.918	接受
增值适配度	CFI	大于 0.9	0.986	接受
	IFI	大于 0.9	0.986	接受
	TLI	大于 0.9	0.984	接受
	NFI	大于 0.9	0.946	接受
	RFI	大于 0.9	0.940	接受
简约适配度	$PNFI$	大于 0.5	0.860	接受
	$PCFI$	大于 0.5	0.897	接受

通过表 5-5 的结果可知 χ^2/df 等于 1.332,在 1—3 之间,适配理想;绝对适配度 $RMSEA$ 等于 0.025 小于 0.05,同时 GFI 等于 0.929,$AGFI$ 等于 0.918,大于 0.9,因此适配理想;CFI、IFI、TLI、NFI、RFI 的值均大于 0.9,满足评价标准。综上所述,本书设计的模型结构整体适配良好。

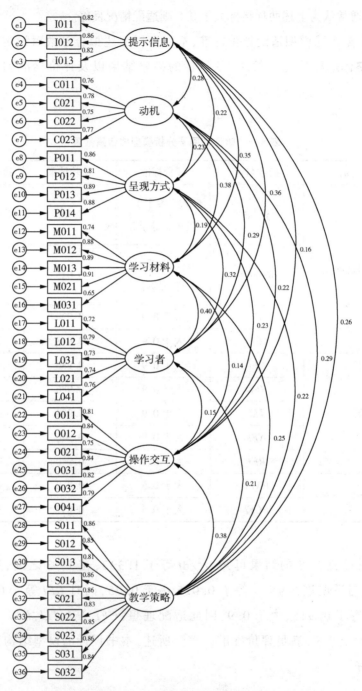

图 5-3　验证性因子分析模型与路径图

表5-6为各观察变量与潜变量间的路径系数结果,通过结果可以看出路径系数处于0.651到0.912之间,均大于0.5,说明各变量间具有正向相关关系,符合统计分析标准,同时,各临界比率值均大于1.96且在0.001的水平上达到显著,该结果表明,本书所构建的模型因子结构关系合理,相关关系稳定。所得验证性因子分析模型与路径图如图5-3所示。

表5-6　观察变量与潜变量路径系数分析结果

路径			标准误 S. E.	临界比 C. R.	显著性 P	标准化路径系数 Estimate
I011	←	提示信息				0.822
I012	←	提示信息	0.050	21.311	***	0.861
I013	←	提示信息	0.048	20.510	***	0.818
C011	←	动机				0.760
C021	←	动机	0.064	16.761	***	0.777
C022	←	动机	0.064	16.290	***	0.751
C023	←	动机	0.059	15.385	***	0.707
P011	←	呈现方式				0.861
P012	←	呈现方式	0.040	23.265	***	0.807
P013	←	呈现方式	0.037	27.420	***	0.890
P014	←	呈现方式	0.037	27.024	***	0.882
M011	←	学习材料				0.736
M012	←	学习材料	0.056	20.863	***	0.880
M013	←	学习材料	0.057	21.183	***	0.893
M021	←	学习材料	0.056	21.651	***	0.912
M031	←	学习材料	0.064	15.083	***	0.651
L011	←	学习者				0.721
L012	←	学习者	0.064	16.974	***	0.793
L031	←	学习者	0.058	15.643	***	0.726
L021	←	学习者	0.064	15.955	***	0.741
L041	←	学习者	0.059	16.398	***	0.763
O011	←	操作交互				0.810
O012	←	操作交互	0.049	22.396	***	0.836

续表

路径			标准误 S. E.	临界比 C. R.	显著性 P	标准化路径系数 Estimate
O021	←	操作交互	0.051	19.306	***	0.750
O031	←	操作交互	0.050	22.637	***	0.843
O032	←	操作交互	0.049	21.862	***	0.822
O041	←	操作交互	0.052	20.62	***	0.787
S011	←	教学策略				0.855
S012	←	教学策略	0.040	26.224	***	0.852
S013	←	教学策略	0.041	24.198	***	0.814
S014	←	教学策略	0.039	26.516	***	0.857
S021	←	教学策略	0.039	26.403	***	0.855
S022	←	教学策略	0.041	24.754	***	0.825
S023	←	教学策略	0.039	26.064	***	0.849
S031	←	教学策略	0.039	26.950	***	0.865
S032	←	教学策略	0.040	25.744	***	0.843

注:"***"代表 P 值小于 0.001。

聚合效度(Convergent Validity)是检验在使用不同的测量方法测量同一变量时所得到的结果是否具有高度的相关性的指标。聚合效度一般通过三项评估指标检验,分别是:可测变量的标准化因子载荷,该指标系数要求大于 0.5,且达到显著性水平;组合信度(Composite Reliability,CR)指标要求大于 0.6;平均变异抽取量即 AVE(Average of Variance Extracted, AVE)要求大于 0.5。

组合信度指的是由多个变量组合而成的新变量的信度,其计算公式如下:

$$\rho_{CR} = \frac{(\sum \lambda)^2}{(\sum \lambda)^2 + \sum \theta} \quad (5.1)$$

其中,ρ_{CR} 表示组合信度,λ 表示因子载荷,θ 表示可测变量的误差变异量。

平均变异抽取量是指潜变量能够解释可测变量变异的程度,其值越大,

则表明潜变量的聚合效度越高,其计算公式如下:

$$\rho_{AVE} = \frac{\sum \lambda^2}{(\sum \lambda^2) + \sum \theta} \tag{5.2}$$

其中,ρ_{AVE} 表示的是平均变异抽取量,λ 表示因子载荷,θ 表示可测变量的误差变异量。通过上述公式计算各变量的组合信度以及平均变异抽取量如表 5-7 所示。

表 5-7　各变量因子载荷、组合信度与平均变异抽取量分析结果

路径			因子载荷	组合信度 CR	平均变异抽取量 AVE
I011	←	提示信息	0.822		
I012	←	提示信息	0.861	0.873	0.696
I013	←	提示信息	0.818		
C011	←	动机	0.760		
C021	←	动机	0.777	0.836	0.562
C022	←	动机	0.751		
C023	←	动机	0.707		
P011	←	呈现方式	0.861		
P012	←	呈现方式	0.807	0.919	0.741
P013	←	呈现方式	0.890		
P014	←	呈现方式	0.882		
M011	←	学习材料	0.736		
M012	←	学习材料	0.880		
M013	←	学习材料	0.893	0.910	0.674
M021	←	学习材料	0.912		
M031	←	学习材料	0.651		
L011	←	学习者	0.721		
L012	←	学习者	0.793		
L031	←	学习者	0.726	0.865	0.562
L021	←	学习者	0.741		
L041	←	学习者	0.763		

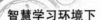

续表

路径			因子载荷	组合信度 CR	平均变异抽取量 AVE
O011	←	操作交互	0.810		
O012	←	操作交互	0.836		
O021	←	操作交互	0.750	0.919	0.654
O031	←	操作交互	0.843		
O032	←	操作交互	0.822		
O041	←	操作交互	0.787		
S011	←	教学策略	0.855		
S012	←	教学策略	0.852		
S013	←	教学策略	0.814		
S014	←	教学策略	0.857		
S021	←	教学策略	0.855	0.958	0.716
S022	←	教学策略	0.825		
S023	←	教学策略	0.849		
S031	←	教学策略	0.865		
S032	←	教学策略	0.843		

根据表5-7的结果可知,各测量变量的因子载荷均大于0.5,组合信度均大于0.6,平均变异抽取量均大于0.5,因此该测量模型具有良好的聚合效度。

区分效度(Discriminant Validity)是指不同因子间确实存在的差异,其评估方式是将每个因子的平均变异抽取量跟与其相关的其他因子的相关系数相比较,如果存在平均变异抽取量大于因子间的相关系数的情况,则说明该测量模型具有良好的区分效度。各因子的平均变异抽取量以及与其他因子的相关系数值分析结果如表5-8所示。

表5-8 区分效度分析结果

	提示信息	动机	呈现方式	学习材料	学习者	操作交互	教学策略
提示信息	0.696						

续表

	提示信息	动机	呈现方式	学习材料	学习者	操作交互	教学策略
动机	0.277	0.562					
呈现方式	0.215	0.226	0.741				
学习材料	0.348	0.383	0.194	0.674			
学习者	0.358	0.291	0.320	0.400	0.562		
操作交互	0.159	0.218	0.233	0.136	0.147	0.654	
教学策略	0.263	0.294	0.222	0.245	0.209	0.384	0.716

由表5-8中的结果可以看出,处在对角线位置的数值即平均变异抽取量均大于同行或同列上的因子相关系数,因此区分效度良好。

通过对问卷进行验证性因子分析的结果可以看出,根据问卷所得出的测量模型具有良好的结构效度、聚合效度和区分效度,因此,该问卷所设定的因子结构稳定且具有理论意义,可以依据此问卷进行下一步的研究。

2. 信度检验

信度(Reliability)主要是被用来测量统计数据的可靠程度,即可靠性。可靠性则是指相同的自然人在不同的时间采用相同的测量工具对数据进行收集,如果两次收集到的数据具有一致性或者高度的相关性,则表明使用的测量工具是可靠的,测量结果是稳定的,可靠性越高,则信度越高。[①] 目前,使用最广泛的信度检验指标是 *Cronbach's α* ,本书也采用该方法,对显变量调查问卷进行信度检验并结合探索性因子分析的结果,对潜变量问卷中的各因子进行信度检验。*Cronbach's α* 值越接近于1,表明信度越高,且通常认为当 *Cronbach's α* ≥0.7 时,具有较高的内部一致性;当 0.6≤ *Cronbach's α* <0.7 时,内部一致性一般;当 *Cronbach's α* <0.6 时,内部一致性较低。[②] 通过 *Cronbach's α* 检验后,显变量问卷的总体 *Cronbach's α* 值为0.772,具有较高的信度,潜变量调查问卷信度检验结果如表5-9所示。

---

① 冯成志,贾凤芹. 社会科学统计软件 SPSS 教程[M]. 北京:清华大学出版社,2009.

② NUNNALLY J C, BERNSTEIN I H. Psychometric Theory[M]. 3rd ed. New York, NY:McGraw-Hill, Inc. , 1994.

表 5-9　问卷信度检验结果

因子	提示信息	动机	呈现方式	学习材料	学习者	操作交互	教学策略
题目数量	3	4	4	5	5	6	9
Cronbach's α	0.872	0.836	0.919	0.905	0.864	0.918	0.958

通过 *Cronbach's α* 检验后,潜变量问卷的总体 *Cronbach's α* 值为 0.898,具有较高的信度。通过表 5-9 可知,测量问卷对 7 个因子进行测量的分问卷 *Cronbach's α* 值均大于 0.8,根据信度评价指标的标准,上述问卷的内部一致性信度非常理想,各测量题目间也有较高的一致性,因此无须再对问卷中的题目进行删减。综上所述,本书所设计并开发的智慧学习环境下学习者认知负荷影响因素测量问卷具有良好的信度和效度,能够有效地对智慧学习环境中学习者认知负荷的影响因素假设模型中的变量进行测量。

第三节　模型设定

一、结构方程模型的设定

通过对问卷数据进行信度与效度检验后,当前的模型结构中仍包含 7 个潜变量,分别是:学习者、学习材料、呈现方式、操作交互、教学策略、动机和提示信息。学习者因素包含 5 个可测变量,分别是态度(L041)、认知能力(L021)、认知风格(L031)、先备知识(L011、L012);学习材料因素包含 5 个可测变量,分别是学习材料分解性(M011、M012、M013)、学习材料总结性(M021)和学习材料逻辑性(M031);呈现方式 4 个可测变量分别是呈现的不同方式(P011、P012、P013、P014);操作交互因素包含 6 个可测变量,分别是软硬件操作(O011、O012)、交互容易性(O021)、界面设计(O031、O032)、交互便捷性(O041);教学策略因素包含 9 个可测变量,分别是学习材料组织形式(S011、S012、S013、S014)、学生控制权(S021、S022、S023)、教学/学习方式(S031、S032);动机因素包含 4 个可测变量,分别是学习兴趣激发(C011)、外部条件刺激(C021、C022、C023);提示信息因素包含 3 个可测变量,即不同类型的提示信息(I011、I012、I013)。根据前述假设,采用 AMOS 23.0 软件作为结构方程模型分析软件,初始结构方程模型构建如图 5-4 所示。

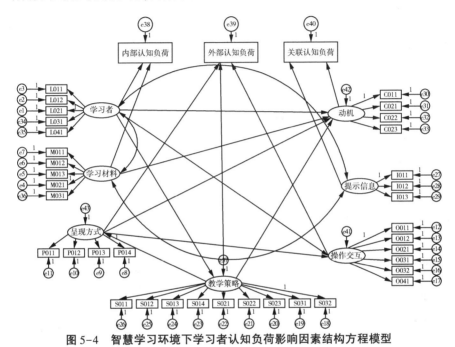

图 5-4　智慧学习环境下学习者认知负荷影响因素结构方程模型

二、模型识别

所设定的结构模型能够被识别是进行模型检验与修正的必要前提。模型识别(Model Identification)是对模型中每一个待估计的参数是否能够由观测数据求出唯一估计值的判定。如果模型中有一个参数不能由观测数据估计得到,那么模型则不可识别;如果模型中所有参数都能由观测数据估计得到,那么模型可以识别。一个可以识别的模型并不一定是适配度佳的模型,而一个无法识别的模型则会因参数无法估计,从而使得整体的适配情形也无法检验。依据数据点的数目和参数数目的关系,模型有三种识别形态,分别是:正好识别(just-identified)、过度识别(over-identified)、低度识别或识别不足(under-identified)。其中,可以识别包括正好识别和过度识别两种。过度识别是最有利于模型检验的情况。模型识别的第一步是计算数据点数目与模型中的参数数目。结构方程中的数据是样本协方差矩阵中的方差与协方差,数据点的数目是样本方差与协方差的数目,参数数目是模型中待估计的回归系数、方差、协方差、平均数与截距项的总数目。模型识别的规则主要有 t 法则、两步规则、MIMIC 规则等,本书将采用 t 法则对模型进行识别检验。[①]

采用 t 法则对模型进行识别,其规则如下[②]:

对模型进行识别的条件是:

$$t \leqslant \frac{1}{2}(p+q)(p+q+1) \tag{5.3}$$

当 $t < \frac{1}{2}(p+q)(p+q+1)$ 时,表示数据点数目多于估计参数总数,估计的结果是允许拒绝虚无假设(假设模型无法与样本数据契合),此时表示的是过度识别,该种情况是进行模型检验时所达到的最理想效果,在该种情况下,方程组是无解的,那么此时便可以利用最小二乘法或最大似然法等方法进行参数的求解,从而得到参数 θ 的一组估计值 $\hat{\theta}$,在该种情况下能够使所得出的再生协方差矩阵 $\sum(\hat{\theta})$ 与样本协方差矩阵 S 的差异最小,因此,在模型识别过度时的模型包含丰富的信息,适用度良好,能够较好地被用来进行进一步的模型检验。当 $t = \frac{1}{2}(p+q)(p+q+1)$ 时,则模型处于恰好被识别的情况,此时的模型具有唯一解,且自由度为 0。在此种情况下,数据协方差矩阵与假设模型的协方差矩阵形成一一配对,数据方差及协方差总数目与模型中的自由参数数目相等,模型中的所有参数只能有唯一解,该种模型永

---

① TABACHNICK B G, FIDELL L S. Using multivariate statistics[M]. 5th ed. Boston, MA: Pearson, 2007.

② 王卫东. 结构方程模型原理与应用[M]. 北京:中国人民大学出版社,2009.

远不会被拒绝,此时的模型不具有证伪性,不是一个切实有效的模型,因此,该模型不可检验。当 $t>\dfrac{1}{2}(p+q)(p+q+1)$ 时,模型处于识别不足的情况,数据点数目少于估计参数总数,模型中所提供的信息(方程式个数)少于自由参数个数,此时的方程组拥有无穷多个解而无法获得唯一解,且参数 θ 也有无穷多个解,从而造成了自由参数无法被正确估计的情况,在该种情况下所得出的模型是不具有任何意义的,因此,模型也是不可检验的。公式 5.3 中,p 代表的是模型中的外衍观察变量的数目,q 代表的是内衍观察变量的数目,t 则为待估参数的数目,可知本书中的 $p=3$,$q=36$,$t=93$,满足 $t<\dfrac{1}{2}(p+q)\cdot(p+q+1)$,因此模型可识别。

三、模型拟合与修正

首先,利用 AMOS 23.0 软件,采用最大似然法(Maximum Likelihood)进行模型估计,得到模型拟合结果如表 5-10 所示,各评价指标的定义和评价标准参照验证性因子分析部分对指标定义及评价标准的阐释,在此不赘述。

表 5-10　模型拟合指数

类别	指数名称	评价标准	检验结果	接受情况
绝对适配度	χ^2/df	大于等于 1 且小于等于 3	1.672	接受
	RMSEA	小于 0.05 且越小越好	0.035	接受
	GFI	大于 0.9	0.902	接受
	AGFI	大于 0.9	0.889	不接受
增值适配度	CFI	大于 0.9	0.966	接受
	IFI	大于 0.9	0.966	接受
	TLI	大于 0.9	0.964	接受
	NFI	大于 0.9	0.920	接受
	RFI	大于 0.9	0.914	接受

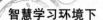

续表

类别	指数名称	评价标准	检验结果	接受情况
简约适配度	*PNFI*	大于 0.5	0.853	接受
	PCFI	大于 0.5	0.896	接受

根据表 5-10 可知,绝对适配度中 *AGFI* 等于 0.889 小于 0.9,该项值未达到模型适配良好的标准,由此可见,智慧学习环境下学习者认知负荷影响因素结构方程模型的适配与拟合情况不佳,需要对模型进行修正。

采用最大似然法设定的结构方程模型的修正可以依据 AMOS 23.0 软件在输出中所提供的相关修正指标。通常情况下,修正指标的内容由三部分构成,分别是协方差修正指标、方差修正指标和回归修正指标。其中,协方差修正指标主要是用来修正模型中变量之间的相关关系的;回归修正指标通常被用以修正模型中变量间的因果关系。同时,每个修正指标包含两个部分,分别是修正指标值(Modification Indices, M. I.)和参数估计的改变量(Par Change),在根据修正指标进行模型修正时,要综合考虑 *M. I.* 值和 *Par Change* 值两部分。根据 AMOS 23.0 的输出结果,得出本书的模型协方差修正指标如表 5-11 所示。

表 5-11　模型协方差修正指标

路径			*M. I.*	*Par Change*	路径			*M. I.*	*Par Change*
e37	↔	提示信息	12.296	0.098	e20	↔	e43	6.986	−0.064
e37	↔	学习材料	8.639	0.082	e20	↔	e41	4.627	0.03
e37	↔	学习者	6.295	−0.079	e20	↔	e22	9.463	0.039
e43	↔	学习者	19.219	0.171	e20	↔	e21	11.913	−0.048
e41	↔	e37	52.759	0.151	e18	↔	e25	5.92	−0.032
e36	↔	e37	5.254	0.065	e18	↔	e23	5.36	−0.03
e36	↔	e43	22.112	0.164	e18	↔	e20	17.418	0.055
e35	↔	e43	6.13	0.088	e17	↔	提示信息	8.143	0.051
e35	↔	e36	4.302	0.058	e17	↔	e37	13.483	0.068

续表

路径			M. I.	Par Change	路径			M. I.	Par Change
e34	↔	e37	4.581	−0.062	e16	↔	e39	6.51	−0.062
e40	↔	e41	4.333	0.066	e14	↔	e30	8.009	0.046
e40	↔	e35	5.684	−0.104	e14	↔	e16	4.738	0.023
e39	↔	e40	61.118	0.509	e14	↔	e15	7.629	−0.029
e38	↔	e36	4.153	−0.085	e11	↔	学习者	7.793	0.071
e38	↔	e40	45.495	0.44	e10	↔	e28	5.429	−0.045
e38	↔	e39	26.799	0.329	e10	↔	e11	9.372	−0.063
e32	↔	e37	5.812	−0.063	e9	↔	学习材料	4.282	−0.044
e31	↔	学习者	5.482	−0.065	e9	↔	e40	4.38	0.07
e30	↔	e41	5.861	0.043	e9	↔	e11	5.785	0.041
e29	↔	e37	4.287	0.047	e8	↔	e40	5.845	−0.08
e29	↔	e36	5.882	0.054	e8	↔	e10	8.903	0.056
e28	↔	e33	7.091	0.051	e7	↔	提示信息	9.61	0.07
e27	↔	e34	5.081	0.051	e7	↔	e37	12.116	0.081
e27	↔	e33	4.534	−0.042	e7	↔	e36	10.888	0.074
e26	↔	e43	4.729	−0.05	e7	↔	e40	5.728	−0.085
e26	↔	e39	6.84	0.071	e7	↔	e38	7.399	−0.094
e25	↔	学习材料	4.085	0.038	e6	↔	提示信息	6.087	−0.041
e25	↔	e43	4.059	0.049	e6	↔	e28	7.366	−0.036
e25	↔	e36	4.495	0.041	e6	↔	e7	4.034	−0.028
e25	↔	e40	5.358	−0.07	e5	↔	e33	4.195	0.03
e25	↔	e39	4.701	−0.063	e3	↔	e43	11.232	0.136
e24	↔	学习者	5.207	0.052	e3	↔	e35	4.787	0.07
e24	↔	e36	8.205	−0.059	e3	↔	e38	4.127	0.098
e24	↔	e25	9.732	0.045	e3	↔	e28	4.475	−0.052
e23	↔	e43	5.491	0.055	e3	↔	e25	5.394	−0.052
e23	↔	e36	4.828	0.041	e3	↔	e10	6.53	0.074
e23	↔	e31	5.703	−0.04	e2	↔	e37	4.398	−0.062
e23	↔	e25	9.364	0.039	e2	↔	e41	5.083	−0.048
e23	↔	e24	4.725	−0.03	e1	↔	e37	11.216	0.106

续表

路径			M. I.	Par Change	路径			M. I.	Par Change
e22	↔	e39	6.521	−0.072	e1	↔	e36	5.231	−0.07
e22	↔	e31	4.411	0.036	e1	↔	e35	6.447	−0.078
e22	↔	e26	4.599	−0.026	e1	↔	e30	4.332	0.056
e21	↔	e23	4.173	0.028	e1	↔	e27	5.141	−0.056

　　根据表 5-11 的修正指数,本书对初始设定的结构方程模型进行了修正,修正的准则是综合判断模型修正指数中的 *M. I.* 值和 *Par Change* 值,据此添加残差相关关系,并在每一次进行修正之后,分别对模型的拟合情况进行评估,直至模型各个适配评价指标均达到判定标准。经过修正后的模型如图 5-5 所示,修正后的模型拟合系数如表 5-12 所示。

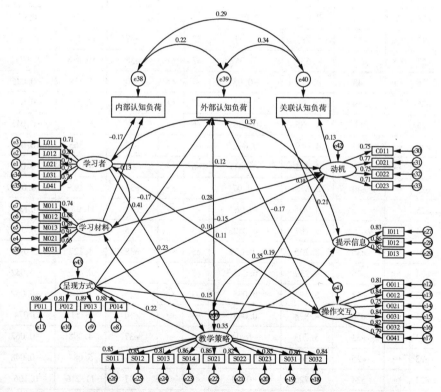

图 5-5　修正后的智慧学习环境下学习者认知负荷影响因素结构方程模型

表5-12　修正后的模型拟合系数

类别	指数名称	评价标准	检验结果	接受情况
绝对适配度	χ^2/df	大于等于1且小于等于3	1.416	接受
	RMSEA	小于0.05且越小越好	0.028	接受
	GFI	大于0.9	0.918	接受
	AGFI	大于0.9	0.906	接受
增值适配度	CFI	大于0.9	0.979	接受
	IFI	大于0.9	0.979	接受
	TLI	大于0.9	0.977	接受
	NFI	大于0.9	0.933	接受
	RFI	大于0.9	0.927	接受
简约适配度	PNFI	大于0.5	0.860	接受
	PCFI	大于0.5	0.903	接受

从表5-12中可以看出,经过多次修正的结构方程模型 χ^2/df 等于1.416,满足大于等于1且小于3的评价标准,RMSEA 等于0.028小于0.05,GFI 和 AGFI 的值均大于0.9,因此绝对适配度的指标均表明模型拟合情况良好;增值适配度中评价指标 CFI、IFI、TLI、NFI、RFI 等值均大于0.9,表示模型拟合度良好;简约适配度的评价指标 PNFI 和 PCFI 的值均大于0.05,满足评价标准,表明模型拟合度良好。综上所述,修正后的智慧学习环境下学习者认知负荷影响因素结构方程模型在绝对适配度、增值适配度和简约适配度的多个指标上达到了良好的适配度,因此,笔者认为所设定的模型拟合良好,适配度良好,假设检验和参数估计的结果可以被用来判定智慧学习环境下学习者认知负荷影响因素之间的结构和定量关系。

第四节　模型假设检验

在前述章节本书提出了15个假设,表5-13显示了其路径系数。

表 5-13　路径系数回归结果

路径			Estimate	C. R.	P
教学策略	←	学习者	0.228	4.844	***
呈现方式	←	教学策略	0.224	4.962	***
动机	←	呈现方式	0.100	2.145	0.032
操作交互	←	学习者	0.113	2.39	0.017
动机	←	学习者	0.118	2.204	0.028
动机	←	教学策略	0.186	3.894	***
动机	←	学习材料	0.278	5.249	***
操作交互	←	呈现方式	0.147	3.288	0.001
I011	←	提示信息	0.825		
I012	←	提示信息	0.861	21.398	***
I013	←	提示信息	0.816	20.53	***
C011	←	动机	0.754		
C021	←	动机	0.771	16.379	***
C022	←	动机	0.748	15.989	***
C023	←	动机	0.705	15.138	***
P014	←	呈现方式	0.885		
P013	←	呈现方式	0.891	28.871	***
P012	←	呈现方式	0.806	24.083	***
P011	←	呈现方式	0.858	26.969	***
L041	←	学习者	0.759		
L021	←	学习者	0.746	16.903	***
L031	←	学习者	0.726	16.443	***
L012	←	学习者	0.796	18.052	***
L011	←	学习者	0.713	16.121	***
M031	←	学习材料	0.650		
M013	←	学习材料	0.893	17.538	***
M012	←	学习材料	0.88	17.354	***
M011	←	学习材料	0.736	15.062	***
O011	←	操作交互	0.809		

续表

路径			*Estimate*	*C. R.*	*P*
O012	←	操作交互	0.836	22.347	***
O021	←	操作交互	0.748	19.21	***
O031	←	操作交互	0.843	22.597	***
O032	←	操作交互	0.823	21.853	***
O041	←	操作交互	0.787	20.556	***
S011	←	教学策略	0.855		
S012	←	教学策略	0.852	26.191	***
S013	←	教学策略	0.814	24.159	***
S014	←	教学策略	0.857	26.483	***
S021	←	教学策略	0.855	26.391	***
S022	←	教学策略	0.824	24.707	***
S023	←	教学策略	0.849	26.053	***
S031	←	教学策略	0.865	26.911	***
S032	←	教学策略	0.843	25.713	***
M021	←	学习材料	0.913	17.809	***
内部认知负荷	←	学习者	-0.166	-3.459	***
内部认知负荷	←	学习材料	-0.133	-2.914	0.004
关联认知负荷	←	动机	0.132	3.073	0.002
关联认知负荷	←	提示信息	0.209	4.978	***
外部认知负荷	←	呈现方式	-0.166	-4.057	***
外部认知负荷	←	操作交互	-0.174	-3.987	***
外部认知负荷	←	教学策略	-0.148	-3.438	***

注:" *** "代表 *P* 值小于 0.001。

表5-13 为模型的拟合路径系数回归结果,其中, *Estimate* 是标准化路径系数, *C. R.* (Critical Ratio) 为临界比率值, *P* 为 *C. R.* 的统计检验相伴概率,当 *C. R.* 值大于 1.96, *P* 值小于 0.05 时,具有统计学意义上的显著性,因此,由表5-13 中的结果可知,假设 H1—H15 的 *C. R.* 值均大于 1.96,其中 H1、

H3、H4、H5、H6、H8、H11、H13、H14、H15 在 0.001 的水平上达到显著;H2 的 *P* 值为 0.004 在 0.005 的水平上达到显著;H7 的 *P* 值等于 0.002 在 0.005 的水平上达到显著;H9 的 *P* 值为 0.017,在 0.05 的水平上达到显著;H10 的 *P* 值等于 0.028,在 0.05 的水平上达到显著;H12 的 *P* 值等于 0.032 在 0.05 的水平上达到显著。综上所述,模型设定的 15 个假设均成立。

第五节　模型验证结论与分析

本章采用了量化的结构方程模型对前序设定的智慧学习环境下学习者认知负荷影响因素的理论模型进行了验证,所采用的数据调查方法为问卷调查法。根据模型验证结果完成了对理论模型的评估和探索,最终确定了智慧学习环境下学习者认知负荷各影响因素对三种认知负荷的影响关系,以及各个因素之间的影响关系。

从模型显示结果来看,内部认知负荷的影响因素有学习者因素和学习材料因素,其中,学习者因素的影响效果值为−0.17,说明学习者因素对内部认知负荷具有显著的负向影响;学习材料因素的路径系数是−0.13,说明学习材料因素对内部认知负荷具有显著的负向影响。外部认知负荷的影响因素有呈现方式因素、操作交互因素和教学策略因素,其中,呈现方式因素对外部认知负荷的影响值是−0.17,操作交互对外部认知负荷的影响值是−0.17,教学策略因素对外部认知负荷的影响值是−0.15。提示信息对关联认知负荷的影响值是 0.21,动机对关联认知负荷的影响值是 0.13。各影响因素间也存在着相互影响关系,学习者因素对操作交互因素的影响值是 0.11,学习者因素对动机因素的影响值是 0.12,学习者因素对教学策略因素的影响值是 0.23。学习材料因素对动机因素的影响值是 0.28。呈现方式因素对操作交互因素的影响值是 0.15,呈现方式因素对动机因素的影响值是 0.10。教学策略因素对动机因素的影响值是 0.19,教学策略因素对呈现方式的影响值是 0.22。

从各影响因素对认知负荷的影响荷载来看,各影响因素对认知负荷的影响大小相对较为平均,其荷载绝对值在 0.13—0.21 之间,只有提示信息因素对关联认知负荷的影响超过 0.2,说明每个影响因素都对认知负荷有相应的影响,应该在实际教学中加以注意并适当着重关注提示信息因素;此外,各影响因素间的影响载荷也较为平均,但差异相对于各影响因素对认知负荷的影响有所增大,其中载荷最大的是学习材料因素对动机因素的影响,其值为 0.28,另学习者因素对教学策略因素的影响和教学策略因素对呈现方式因素的影响也超过了 0.2,因此在优化控制时,应适当着重关注这三项指标,载荷最小的是呈现方式因素对动机因素的影响,其值为 0.10。综上所述,在实际教育教学中,应侧重学习材料的设计,以激发学习者的动机,从而优化关联认知负荷,适当着重关注学习者因素对教学策略因素的影响、教学策略因素对呈现方式因素的影响,以提高教学效率。

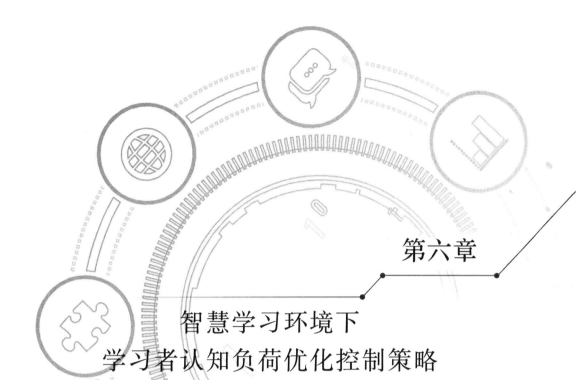

第六章

智慧学习环境下
学习者认知负荷优化控制策略

本章根据第五章得出的相关结论,提出相应的智慧学习环境下学习者认知负荷的优化控制策略,值得注意的是,根据影响载荷的大小,在制定优化控制策略时,应做到兼顾每个影响因素对认知负荷的影响,在此基础之上,着重优化如学习材料因素等载荷相对较高的影响因素。

认知负荷的优化控制是依据智慧学习环境下认知负荷的影响因素对三种认知负荷进行优化,进而达到提高智慧学习环境下学习者的学习效果、使智慧学习环境得到更好的应用的目的,与此同时,避免因智慧学习环境中的新型智能设备的使用和教学设计在学习者学习的过程中给学习者带来不必要的认知负担。对于认知负荷,本书采用"优化控制"这个词语,不是单纯地使用"降低或者增加",目的是要在保持智慧学习独特优势的前提下,通过对认知负荷的适当优化控制,使其保持在一个合理的范围内,使学生的学习效益达到最大化。在此过程中,适度的无效负荷也是被允许存在的。因此本章将从认知负荷影响因素一一入手,提出对智慧学习环境下学习者认知负荷进行优化的控制策略。

第一节 内部认知负荷优化控制策略

一、学习者方面

根据前序章节的研究结果,学习者是影响智慧学习环境下内部认知负荷的重要因素之一,学习者因素与内部认知负荷存在负向相关关系,即在智慧学习环境下,如能精准运用智慧技术识别学习者特征,更多掌握学习者的知识差异、学习动态等情况,并依据此进行有针对性的教学设计,将能有效控制学习者在智慧学习环境下的内部认知负荷,进而对学习效果产生积极影响。因此,本节将基于智慧学习环境的功能特征和过往研究文献对认知负荷提出优化控制策略。

（一）基于智能分析系统识别学习者特征

学习者的个体特征会对智慧学习环境下学习者的内部认知负荷产生不可忽略的影响，而智慧学习环境中的智能分析系统能够依据学习者的大数据信息，例如依据以往的学习行为、交互行为等分析出不同学习者的个体特征。对学习者特征的识别主要依靠技术分辨出不同学习者各自的特点，为后续的教学设计和精准的个性化智慧教学提供参考和依据。以往的研究结果表明，学习者的认知风格会对其新知识的理解和习得产生影响，进而影响其在学习过程中的认知负荷，因此，对不同认知风格的学习者应提供不同的学习方式。① 拥有不同学习风格的学习者会在完成学习任务过程中采用不同的学习策略，例如，有些学习者会采用先学习具体样例再进行抽象概念学习的学习顺序，而有些学习者则采用从抽象到具体样例的顺序；有些学习者采用合作学习时的效率更高，而有些学习者则习惯采用自主学习的方式；有些学习者受智慧学习环境中新技术的影响大，而有些学习者受到的影响小。② 传统课堂因无法识别不同学习者不同的认知风格而采用千篇一律的教学策略，导致部分学习者认知负担过重。智慧学习环境可以利用大数据分析技术，规避由此带来的过重的内部认知负荷。智能分析系统可以依据学习者的网页点击次数、网页点击顺序、学习内容模块的停留时间、学习资源类型的选择、学习工具的选择、交互媒体的选择等信息对学习者的学习风格进行分析，也可以通过在线传输相关认知风格的测量量表来确定认知风格。在确定不同学习者不同的认知风格后，为其提供相应的学习材料或进行适当的学习顺序的调整，使不同认知风格的学习者能够使用最适合自己认知加工方式的学习策略，以此控制内部认知负荷。③

与认知风格相似，学习者的认知能力的差异也被认为是影响其认知加工

---

① 付道明. 泛在学习系统中认知负荷的产生及其优化控制[J]. 中国电化教育, 2015(3): 97-102,133.

② 姜强, 赵蔚, 王朋娇. 基于网络学习行为模式挖掘的用户学习风格模型建构研究[J]. 电化教育研究, 2012,33(11): 55-61.

③ 孙力, 张婷. 网络教育中个性化学习者模型的设计与分析[J]. 远程教育杂志, 2017, 35(3): 93-101.

的重要因素。认知能力反映了学习者在特定阶段内对所学习领域知识的掌握程度,可以通过学习者课程学习的基本情况和课程测评结果判断。因此,可以利用智慧学习环境中的智能分析系统对学习者的学习内容点播次数、课程学习时长、作业完成情况、测试成绩等进行统计分析,进而了解学习者对课程的认知能力,针对不同认知能力的学习者为其推送不同的学习材料,制定适当的教学策略,选取合适的互动工具,以避免对其造成过多的内部认知负荷。

学习者在智慧学习环境中对学习所持有的态度会影响其认知负荷的高低。在智慧学习环境中对学习持积极态度的学习者更能够产生主动学习的动机。而通过访谈得知,在智慧学习环境中持消极态度的学习者通常是因为新的学习环境给他们带来了担忧,他们会认为自己没有足够的能力在智慧学习环境中高效地学习。针对这一状况,首先要在课前通过智能分析系统对学习者在智慧学习环境中进行学习的态度进行调查,接着根据调查结果安排培训,培训的主要目的是使学习者明确在智慧学习环境中学习的目的,并向其说明智慧学习环境中软硬件的操作,排除学习者对新环境的担忧,将注意力集中于课堂教学。

(二)基于学习者先备知识差异进行教学设计

学习者先备知识水平是影响其内部认知负荷的重要指标,提高学习者的先备知识水平能降低其内部认知负荷。认知负荷理论认为,学生的领域知识水平对教学设计起着决定作用。因此基于学习者的先备知识进行教学设计是降低内部认知负荷的关键所在。在智慧学习环境中,首先可以在课前利用系统测试学习者的先备知识水平,并以测试结果为依据,调整后续教学策略。依据样例效应,样例-问题模式和问题-样例模式与学习者先备知识之间存在着互动关系,基于过程的工作样例最初有助于学习,但是当学生已经对相关知识或过程形式有较好的了解之后,样例就变得多余并且开始阻碍学习[①],因此,当学习者的先备知识水平较低时,他们从样例-问题的学

---

① VAN GOG T, PAAS F. Instructional efficiency: Revisiting the original construct in educational research[J]. Educational Psychologist, 2008, 43(1): 16-26.

习模式中能够获益更多,顺序应该是从基于过程的样例开始,即先学习不完整的样例,这些样例表明了解决问题要做什么以及为什么要这样做,教师或智能系统在此过程中需要对这些样例提供完整的支持,而后再进行问题的解决;反之,当学习者具备较高的先备知识水平时,问题-样例的学习模式则能使之获益更多。① 因此对于高先备知识水平的学习者来说,他们在学习时产生的内部认知负荷已经相对较少,直接对问题进行解决可以促使他们省略样例的学习过程,将富余的认知资源用来应对外部认知负荷或转化为关联认知负荷。基于样例效应可知,对于先备知识水平较低的初学者来说,有效的教学模式对于知识丰富的学生来说可能是无效的,反之亦然,因此,对于具备不同先备知识水平的学习者应采取不同的教学或学习策略以降低其内部认知负荷。而智慧学习环境在此过程中能够提供对学习者先备知识水平进行精准评估的功能,从而使后续的教学设计更加精准,并以此来提高教学效率。

此外,智慧学习环境除了能被用来测量学习者的先备知识水平,还能够根据每个学习者不同的情况在课前为其进行先备知识的补充。在智能交互平台上,智慧系统可以精准地为不同学生提供其所需的课前预习材料以及根据以往的学习行为数据为其提供符合其兴趣偏好的补充知识,教师也可以通过互动平台上传有针对性的预习材料供学生完成。在此过程中,学习者亦可以实现与教师和学习同伴的实时交流,将自己感兴趣或有困惑的学习内容与他人讨论,这样更利于先备知识的习得和储备。

综上所述,智慧学习环境能从学习者先备知识的角度从两个层面降低其内部认知负荷。首先是测量不同学习者的不同先备知识水平,并依据测试结果进行后续精准的教学设计;其次是可以为不同的学习者提供其所需的预习内容,为其补充先备知识使其能在后续的学习中付出更少的内部认知负荷就能高效地习得知识。

---

① VAN GOG T, KESTER L, PAAS F. Effects of worked examples, example-problem, and problem-example pairs on novices' learning[J]. Contemporary Educational Psychology, 2011, 36(3): 212-218.

二、学习材料方面

经典认知负荷理论认为学习材料是影响学习者内部认知负荷的重要因素之一。在本书先前的访谈章节也得出了学习材料这一影响因素的编码，模型构建章节也确认了学习材料的复杂性因素是智慧学习环境下影响学习者内部认知负荷的原因。因此，要控制智慧学习环境下学习者的内部认知负荷，应利用智慧学习环境的功能降低学习材料的复杂性，并提高总结性和逻辑性。

（一）合理利用技术设备呈现微型化学习内容

将学习内容进行微型化设计是降低学习材料复杂性的方式之一。在设计智慧学习环境下的学习内容时，应考虑到给学习者所呈现的内容的颗粒度。在学习的过程中，能够被及时解决的片段性知识往往更容易被记忆，而信息量过大或者颗粒度过大的学习材料，会给学习者的认知系统造成过重的负担。因此，通过智慧学习环境中的多媒体设备呈现的学习材料应具备适中的颗粒度，将一系列的信息分解成小段的内容依次进行呈现，使学习者学习每一个学习内容不感到费力且掌握该知识点不需要反复长时间加工即能习得。同时，智慧学习环境中的互动过程是复杂且不稳定的，学习者可以在任何时候与教师或其他学习同伴产生互动，在此过程中，如果学习材料的内容过于复杂，学习者会随时在他们觉得困惑的时候中断课堂进行提问，这样会增加课堂被无效互动中断的频次和概率，从而降低课堂效率。因此可以采用模块化的方式进行教学样例设计，模块样例的基本理念是关注较小的且有意义的因素与个体认知结构和人物特征之间的关系，这种样例模式建构的基本原理是分离那些可以单独传输和理解的任务特征与有意义的材料元素，从而减少内部认知负荷。此外，在呈现复杂的学习材料内容时，应考虑人的工作记忆容量的有限性，避免在同一屏幕或同一页文档上呈现过多信息。应将智慧学习环境中的交互式电子白板和学习者个人移动终端设

备配合使用,在呈现复杂的学习材料时,可以将材料分解,并通过两个屏幕呈现,学习者可以在两个屏幕之间随意查看,两个屏幕呈现的材料内容是相互支撑和补充的,以此来降低学习者的内部认知负荷。在智慧学习环境无法实现两种终端分屏显示学习材料的时代,教学中已经采用了将复杂的化学知识分页呈现的方式,并发现该种方式对学习者的记忆有积极影响,同时降低了学习者的内部认知负荷。

(二)采用部分–整体的方式设计和呈现学习材料

降低学习材料的复杂性可以从提高学习材料的总结性方面入手。通常认为从部分到整体的方式设计学习材料能够降低学习者的内部认知负荷。当课堂中有复杂任务要完成或有复杂的内容要输出时,将复杂的任务分解成逐个相对简单的子任务是有效的教学方式,因为被分割的子任务难度低,仅展现全部任务的一部分,学习者付出相对较少的内部认知负荷即可解决问题,再通过对任务的一点点累加,最终实现全部的任务。该种方式其实是通过在早期切割学习总任务来降低内部认知负荷,在学习者建立起一定的相关领域的知识基础并具备一定的图式后展现整个任务,有利于提高学习效率。此外,在展现相当数量的知识后,应为学习者提供对于先前知识的总结性材料或起到总结性作用的教学环节来加强学习者对该部分知识的记忆。阶段性的总结性材料能使学习者免去自我总结时的认知消耗,便于获得对先前知识的强化,有利于在付出更少认知负荷的前提下提高学习效率。

(三)增强学习材料的逻辑性

学习材料的逻辑性也影响着学习材料的复杂程度。杂乱无章的学习材料或呈现顺序缺乏逻辑性的学习材料,会使学习者付出更多的心理努力去自行进行学习材料的梳理,这样会增加学习者在学习时的认知负担。因此,学习材料的设计应具备前后的逻辑性,呈现的顺序也应符合逻辑,后呈现的内容要与先前呈现的内容有所关联,并能从前序内容中找到依据。

第二节　外部认知负荷优化控制策略

优化控制外部认知负荷主要是减少学习者所需要加工的与学习目标无关的信息,即减少冗余信息,最大限度地呈现直接达到学习目的的内容。而在智慧学习环境下,由于新技术的应用,很容易造成信息的冗余,给学习者带来额外的外部认知负荷,因此应注重智慧学习环境下新技术的合理配置和使用,控制学习者的外部认知负荷。尽管认知负荷理论认为外部认知负荷主要来源于材料的组织形式和呈现方式,但根据学习环境的差异,具体的来源有所不同,比如,智慧学习环境下材料的呈现方式更加多元化,应该利用多元化的方式激发学习者的学习兴趣和增强学习动机,同时避免复杂的呈现方式使材料的安排过于混乱。此外,技术的使用还增加了学习者与设备之间的交互,合理利用交互,不使交互分散学习者的注意力也是控制外部认知负荷的重要途径。

一、呈现方式

(一)依据不同教学内容合理选择智能化的呈现方式

以技术为支撑的智慧学习环境可以提供多种内容的呈现方式,例如使用增强现实(AR)技术或虚拟现实(VR)技术呈现教学内容、利用以交互式电子白板为代表的多媒体设备呈现教学内容、利用学生的个人移动终端呈现教学内容等。为了能够有效控制学习者的外部认知负荷,所选择的呈现方式应适应教学内容。例如,物理的实验课程受环境的限制,真实的课堂环境可能达不到实验的要求,因此实验无法在现实课堂中进行操作,此时可以采用虚拟实验室为学习者呈现虚拟的实验环境,展现实验现象,使学习者能够直观地感受与教学目标直接相关的实验,提高学习效率;地理科目的教学中常包含与现实生活息息相关的地形地貌或自然现象,此类教学内容适宜采用增强现实(AR)技术进行呈现,能使学习者更加直观地观察到地理现象,避免不必要的认知加工带来的认知负荷;智慧学习环境中移动终端的使用也为分屏呈现提供了便利条件,在学习较为复杂的内容时,由于瞬时效应的影响,学习者的工作记忆在正在处理加工信息的同时还要接受外界不断输入的新信息,这可能会导致学习者在还没加工完上一段信息的时候,就要新的内容输入进来,导致其外部认知负荷增加[①],针对该问题分屏呈现可以在学习者个人移动终端上显示一些关键信息作为视觉线索,这样学习者就可以在需要时反复加工这些信息,而无须将这些信息全部保存在工作记忆里,以此来降低外部认知负荷。因此,在选择使用智慧学习环境中的设备对学习内容进行智能化的呈现时,应充分结合教学内容的特征。

(二)为学习者提供视觉支持

智慧学习环境中的媒体技术能将教学内容的呈现更加丰富化,在此过程中可以通过使用图表以及界面中的导航信息为学习者提供视觉支持,以此来降低学习者的外部认知负荷。使用媒体技术呈现教学内容时,图表是降低外部认知负荷的有效方法。相对于图表来讲,逐行的文字信息使空间中的视觉元素不能被同时看到,因此,图表的作用是通过减少在空间内的视觉搜索来降低外部认知负荷。但值得注意的是,当图表配合着文字解释时,复杂的图表可能会在空间上分离相互有关联的信息,促使学习者自行对相关信息进行心理整合,此时应避免注意力分散效应,尽量使有关联的图表和文字信息整合在一起,或配合相关线索和指引集中学习者的注意力,这也符合接近原则提出的观点,即在使用多媒体技术呈现文字和图画时,应同时呈现相关的解释信息。[②]

另外一种方式是在展现教学内容的材料或多媒体界面设计时利用符号

① LEAHY W, SWELLER J. Interactions among the imagination, expertise reversal, and element interactivity effects[J]. Journal of Experimental Psychology: Applied, 2005, 11(4): 266-276.

② TARMIZI R A, SWELLER J. Guidance During Mathematical Problem Solving[J]. Journal of Educational Psychology, 1988, 80(4): 424-436.

表征来代替纯文字。例如在化学知识的呈现时,用"温度计"的图标来代替"温度"两个字,温度的高低则表示在温度计的图标里;在界面设计上,可以用"练习本"图标代替"错题本"三个字,以减少学习者在搜索时付出的认知资源。前述研究结果也证实了使用图标代替文字进行学习,能提高学习者的记忆和迁移成绩。

智慧学习环境下学习者经常会利用网络或超媒体进行资源的搜索,搜索的过程是与学习内容不直接相关的消耗认知资源的行为,因此应在该方面对外部认知负荷做到有效控制。过往研究结果表明在超媒体学习过程中加入具有导航功能的信息是降低学习者外部认知负荷的有效方式。① 导航地图能够为学习者构建清晰的学习程序与路径,降低学习者在搜索时产生的迷惑或迷失的体验,从而将有限的认知资源用于与学习直接相关的材料上,以此提高学习效率。

二、教学策略方面

(一)教学策略合理化选择

教学方式和教学策略的选择是实现智慧教育的必要条件,智慧学习环境中存在大量基于人工智能等新技术的教学工具,这使该环境中进行传递知识的载体和学习内容呈现方式变得更加多样化和复杂化。尽管如此,对于教学策略而言,智慧学习环境中的教学策略与传统教学环境中的教学策略相比并不存在本质差异,因为无论在什么环境下,教学策略的选择都要以人脑认知结构的特点和信息加工规律为基础和前提,控制认知负荷,提高教学效率。由于智慧学习环境具有更多元素的交互,因此在实际教学中选择教学策略时,应着重考虑对认知负荷的控制,合理地选择教学方式,这也是提高教学效率的有效方式。智慧学习环境中包含大量的智能设备和智能软

① DANIELSON D R. Web navigation and the behavioral effects of constantly visible site maps[J]. Interacting with Computers, 2002, 14(5): 601-618.

件,学习者未必对每一种智能设备都有很好的了解和操作体验,盲目地使用某种设备或功能会给学习者造成认知负担,因此可以尝试在使用某种设备或功能前,事先告知学习者相关的操作流程、机器的使用目的以及功能使用与相关材料之间存在的联系,以此来降低学习者的外部认知负荷。

相关研究结果表明学习者对环境引导他们完成学习任务的满意度并不高,但他们对类似于协作学习的创新教学方法和策略的态度变得开放。[①] 基于学习者对不同教学方式的开放态度,智慧学习环境中的课堂模式可以突破以教师输出为主,学生被动接受的教学方式,其中自主学习和合作学习都是该环境下新型的教学方式。在自主学习的过程中,应结合具体的教学内容,合理安排自主学习的时长,如果材料难度大,自主学习时间紧张,会给学习者增加额外的认知负荷,因此,应使学习者能够利用恰当的时长完成相应的学习内容。当采用合作学习的学习方式时,应充分考虑集体记忆容量效应,即采用合作学习的教学方式的前提是学习任务的复杂程度要超出个体能够驾驭的范围,此时合作学习相对于个体学习的优势才能显现出来,反之,如果学习任务不那么复杂,采用合作学习的方式反而会降低学习效率。在进行合作学习时,也应当充分考虑小组人员的分配,使认知水平、个性特征不同的学习者能够各自发挥所长,提高沟通效率,分担探索过程中的认知负荷。此外,根据具体的教学内容设计整套的课堂教学策略也是行之有效的方法。

学习材料的组织形式被认为是影响学习者外部认知负荷的因素之一,本书将学习材料如何组织归入教学策略。根据样例渐减效应,将学习材料按照逐渐减少样例的方式组织呈现,例如,先呈现完整的学习材料,再根据学习的进度,省去最后一部分材料,再省去最后两部分材料,让学习者进行补充,最终呈现的是一个完整的需要解决的任务,该种方式被证明能够降低学习者的外部认知负荷。[②] 信息逐步整合的学习材料组织形式也被认为能

① STRAYER J F. How learning in an inverted classroom influences cooperation, innovation and task orientation[J]. Learning Environments Research, 2012, 15(2): 171-193.
② KIRSCHNER F, PAAS F, KIRSCHNER P A. A Cognitive Load Approach to Collaborative Learning: United Brains for Complex Tasks[J]. Educational Psychology Review, 2009, 21(1): 31-42.

够降低学习者的外部认知负荷,该种方式能够使学习者对知识有一个从部分到整体的认知过程,既避免了在学习新知识的开始阶段呈现出一个过于复杂的任务,又代替学习者完成了一个心理整合的过程,能够提高学习效率。[①] 此外,学习材料的组织顺序也会影响学习者的外部认知负荷,材料的呈现顺序应具备良好的逻辑性,且各部分内容应在适当的时间出现,为学习者提供恰当的支持。

(二)正确利用智能化的即时反馈

能够提供即时反馈是智慧学习环境区别于传统环境的重要特征。教师可以通过即时反馈系统了解学习者回答问题的正确率,也可以辨别每一位学习者回答得正确与否,在掌握相关的统计数据之后,教师可以根据具体情况,为学习者提供不同类型的反馈和答疑。对于正确率较低的题目,可以采用较为详细的解释性反馈,及时解决学习者的困惑,避免学习者在自我探寻正确答案过程中所产生的认知负荷,也可以避免注意力的分散,防止学习者在进行下一段认知加工的同时沉浸在对上一阶段学习材料的迷惑中。研究结果表明在教学中采用解释性反馈能引导学习者对学习内容进行有意义的加工,降低学习者的外部认知负荷,从而提高教学效率。[②]

(三)给予学生自主控制权

在智慧学习环境中进行教学时,应给予学习者适当的自主控制权,特别是当学习材料难度较大时,学习者自主控制学习材料的播放进度,例如对教学视频进行快进、暂停或回放,有利于学习者根据自身目前学习的进度对知识进行巩固,对先前遗漏的知识点进行补充,对难以在短时间内理解的内容进行反复的加工直到掌握为止。[③] 此外,也应给予学习者自主选择的权力,

---

① BODEMER D, FAUST U. External and mental referencing of multiple representations [J]. Computers in Human Behavior, 2006, 22(1): 27-42.

② MORENO R. Decreasing cognitive load for novice students: Effects of explanatory versus corrective feedback in discovery-based multimedia[J]. Instructional science, 2004, 32(1/2): 99-113.

③ SCHWAN S, RIEMPP R. The cognitive benefits of interactive videos: Learning to tie nautical knots[J]. Learning and Instruction, 2004, 14(3): 293-305.

学习者可以根据自身的实际情况和喜好,调整学习内容的顺序。相关研究结果表明,机器控制学习材料的播放速度比学习者自行控制播放速度导致更高的认知负荷,因为学习者无法在机器控制的过程中根据自身情况进行充分的信息加工。[①]

三、操作交互

学习者在智慧学习环境中进行学习时,存在较多的与学习材料、设备工具、教师以及其他学习同伴交互的机会,合理地设计学习者与不同元素之间的交互能够提高学习效率,但并不是任何的交互方式都有利于学习,不恰当的交互可能给学习者带来额外的认知负荷。

(一)提高软硬件操作效率,避免注意力分散

首先,从学习者的角度,应事先对进入智慧学习环境中学习的学习者进行软硬件操作培训,提高学习者自身的操作能力,当学习者能够熟练掌握软硬件的操作流程并明确其使用目的时,对软硬件的操作不会过多地分散他们的注意力,从而使学习者将更多的认知资源用于与学习目标直接相关的学习内容上。过往的研究结果也表明,在采用技术手段进行教学时,先进行相关技术的教学,再进行具体学科知识的教学是合理的教学步骤,因为当学习者积累了充足的新技术使用经验后,才能较好地应用这些技能进行学习。其次,从提升智慧学习环境下设备操作流畅度的角度,应利用先进的 5G 技术提升教室中的网速,避免在操作过程中出现卡顿、界面刷新速度慢、师生或生生间联网不畅等问题,防止学习者将有限的认知资源用于与课堂教学内容无关的操作上。从网络学习资源的角度,学习者在利用智慧学习环境中的网络资源进行学习时,许多学习材料是通过网状结构互相关联的,而传

---

① MAYER R E, HEISER J, LONN S. Cognitive Constraints on Multimedia Learning: When Presenting More Material Results in Less Understanding[J]. Journal of Educational Psychology, 2001, 93 (1): 187-198.

统学习环境中的学习材料都是线性的,因此应该及时更新网络学习资源库,为学习者提供对课堂教学内容有支撑作用的学习材料,优化学习者在网络学习时的路径选择,避免学习者在杂乱无章的网络资源中漫无目的地寻找,消耗认知资源。

(二)提高学习者与学习内容的交互

在智慧学习环境中,学习者可以利用记录工具在学习材料中随时记录和编辑自己的想法,作为学习过程中所产生的生成性信息,这些信息可以包含学习者对学习内容的评价、注释,也可以是对重点内容的提示性记录或总结等,用来作为对学习内容的理解的支持性信息,通过该种方法,学习者就不需要将所有内容都存储在短时记忆中,造成认知负担的超载。同时,学习者可以通过在线交互工具,将自己的记录随时分享给学习同伴,也可以就学习内容与学习同伴展开实时交流,这样可以获取对相关知识材料内容的补充,并将这些内容可视化,这在一定程度上能够减轻工作记忆提取信息的负担。此外,提高学习者与学习内容之间的交互比仅仅允许学习者对学习材料播放进度进行控制更能激发学习者的学习动机,从而使其主动投入更多的认知资源到该项任务或学习活动中去,例如虚拟仿真实验即是与学习内容交互的范例,过往研究结果也表明了虚拟仿真实验的优势。①

第三节　关联认知负荷优化控制策略

关联认知负荷被认为是有效的认知负荷,增加关联认知负荷可以有效地促进学习。为学习者提供相关的信息用以支持他们与长时记忆中的图式建立起联系,是增加关联认知负荷的方式之一。除此之外,增加关联认知负荷的主要途径是通过激发学习者的动机或激发学习者主动将自身的认知资

---

① 卢海军,秦晓文. 虚拟仿真实验应用于物理教学的策略[J]. 教育与装备研究,2020, 36 (12):26-28.

源投入到与图式构建或图式自动化相关的学习任务上,以此来提高学习效率。基于前文对智慧学习环境下关联认知负荷影响因素的探究,本节将从提供支持性信息和激发学习者动机两方面对关联认知负荷的优化控制提出策略。

一、支持性信息

(一)利用补全效应激发学习者投入更多认知资源

补全效应认为,相较于样例,补全任务更能激发学习者主动付出更多努力,因为补全任务要求学习者根据给定的任务目标、状态以及部分解决方案,自行探索出剩余部分的解决方案。这对于学习者来说是一种"探索"与"发现"的教学方法,学习者将在此过程中形成更多的主动与知识交互的认知活动,从而增加关联认知负荷,形成更加有效和深入的学习。[①]

(二)为学习者提供知识地图

知识地图包含着各种不同的形态和呈现方式,其功能以及被应用的领域也不尽相同。其中有呈现问题解决流程的知识地图,这种知识地图是一种用来解决特定问题时的方法和答案的知识管理工具,它的构建不是以知识为导向的而是以解决问题为导向的。解决问题是由顺序性的多个阶段构成的,所以构建该类知识地图能为学习者针对解题步骤、实验步骤提供相应的操作性提示,它既能够帮助学习者免去将该部分内容存储在记忆中所占用的空间,降低外部认知负荷,释放记忆容量,又能为学习者提供程序性的支撑信息,使学习者将呈现出的解题步骤与脑中原有的图式建立起联系,从而提高学习效率。此外,该种提示性信息还能提高学习者对相关解题步骤的理解,使学习者不仅了解解决问题或完成任务时的程序步骤,还能建立起

---

① PAAS F G W C. Training Strategies for Attaining Transfer of Problem-Solving Skill in Statistics: A Cognitive-Load Approach[J]. Journal of Educational Psychology, 1992, 84(4): 429-434.

学习者对什么时候使用以及为什么它们产生了作用的理解,而这是进行知识迁移所必需的。除此之外,还能为学习者提供揭示知识点之间逻辑联系的知识地图,对知识之间存在的联系进行可视化呈现,能够增加学习者的关联认知负荷并促进对知识更高水平的理解。

二、动机方面

学习者的关联认知负荷通常与动机有密切关系,因此,激发学习者的学习动机,能够增加关联认知负荷。近代教育心理学认为:动机分为内部动机和外部动机。内部动机指的是人自发地对所从事活动的认知,通常是由学习活动本身的价值及意义所引发的,即是学习者自身对学习内容的兴趣和从中获得的乐趣,引发了其努力学习;而外部动机则是由学习活动之外所产生的后果而引起的动机,例如,学生努力学习是为了获得认可、表扬或取得好成绩等。① 学习者的学习动机能激发学习者的学习兴趣,并使学习者能够持续学习。

(一)创建智慧化学习情境,激发学习者内部动机

利用智慧化的学习情境,例如使用游戏化学习、增强现实(AR)技术、虚拟现实(VR)技术创设新的教学场景是激发学习者学习兴趣的有效途径。游戏化的学习情境实际上是给原有的教学问题提供了一个变式,根据Sweller 等的研究成果,问题情境的变式能够鼓励学习者发展图式,在此过程中,学习者能将问题的特征区分开,促进学习和迁移。增强现实(AR)技术和虚拟现实(VR)技术既能丰富学习场景的体验、提高学习者的学习兴趣,又能创建与现实生活中学习者熟悉的场景相类似的画面,让学习者能将自己熟悉的图式与教学中出现的新内容进行结合,从而产生关联认知负荷,提高学习效率。此外,智能系统生成的激励式反馈也是激发学习者内部动机

---

① 郭衍,曹一鸣. 学习动机对学习效果影响的深度解析——基于大规模学生调查的实证研究[J]. 教育科学研究,2019(3):62-67.

的方法,在学习者完成某项学习任务或获得较好的分数时,系统能够自动给出例如"笑脸""奖杯"式的图标用以鼓励学习者完成得很优秀,该种方法能够激发学习者持续学习。

(二)利用教育大数据,激发学习者的外部学习动机

智慧学习环境的大数据功能能够持续记录学习者的学习行为、学习记录、成绩、参与课堂的互动情况等,并提供相关的形成性评价和总结性评价。应利用相关功能激发学习者的外部动机,学习者想要拥有好的数据记录就要在课堂中积极表现并更多地投入精力,主动的投入则会增加关联认知负荷。

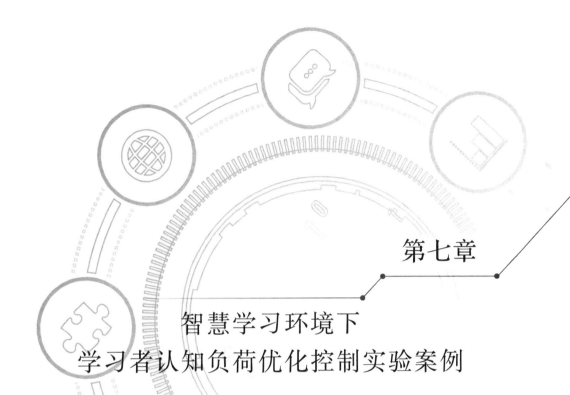

第七章

智慧学习环境下
学习者认知负荷优化控制实验案例

智慧学习环境下学习者认知负荷影响因素与优化控制策略

本章基于第六章所提出的智慧学习环境下学习者认知负荷优化控制策略进行实验案例研究,以证明所提出的优化控制策略在教学实践中的有效性。案例研究是一个整体实验,分为六个实验进行,这六个实验是基于认知负荷的七个影响因素所提出的优化控制策略展开的,与认知负荷的影响因素是一一对应的关系,由于支持性信息因素的验证涉及学习材料的设计,因此对该影响因素对应的优化控制策略的实验研究合并在学习材料的实验中一同进行,因此共有六个实验,这六个实验能够从整体上证明第六章中所得出的认知负荷优化控制策略有效。因为第六章中所提出的认知负荷优化控制策略也是基于认知负荷的影响因素提出的,因此六个实验与第六章中的认知负荷优化控制策略也是一一对应的。但是针对每一个影响因素本书不止提出了一项优化控制策略,而在现实的教育教学中并非所有的策略都要同时采用,此外,还考虑到时间、研究体量等方面的限制,本书未对所有提出的优化控制策略一一进行验证,而是尽量全面并选取有代表性的策略进行较为完善的实验设计,并进行案例研究,试图通过实验研究结果证明智慧学习环境下认知负荷优化控制策略的有效性。

第一节 实验整体情况

一、实验环境

本书所进行的实验是在智慧学习环境下展开的,该智慧教室是 2015 年投入使用的"畅言智慧课堂",它是在中国教育领域有着广泛应用的典型智慧学习环境,包含丰富的软硬件设施用以支持智慧教学。其利用了"智能语音""图文识别""知识图谱"等技术,教室内提供的新资源能够与新课程有效融合,并在众多名校联盟中有着广泛的应用,证明该智慧学习环境具有代表性、先进性和实用性,因此本书选择其作为实验环境。智慧学习环境的设施及功能总结如表 7-1 所示。

表 7-1　本实验中智慧学习环境所含有的设施及功能

设　备	
电脑	✓
投影仪	✓
交互式电子白板	✓
自动摄录机	✓
教师端移动设备	✓
学生端移动设备	✓
移动课桌椅	✓
功　能	
行为记录	✓
智能管理系统	✓
交互式学习工具	✓
学习资源库	✓
云储存器	✓
物理环境感知	✓
定位系统	✓
学习者建模	✓
学业成绩记录系统	✓
教育游戏	✓
形成性评价报告	✓
即时反馈	✓

二、测量方法与工具

　　六项实验中,自变量为依据不同的认知负荷影响因素所提出的优化控制策略而进行的教学设计。实验一测量了学习者的认知风格。前五项实验的因变量为认知负荷,而认知负荷采用了多指标测量的方法,有主观量表法、绩效测量法。实验三和实验五配合了生理指标测量法中的眼动测量法，实验六的因变量为动机。与此同时，六个实验均配备了访谈作为辅助实验数据的工具，以确保能够深入地探索出所产生的数据结果的原因。

(一)认知风格的测量

认知风格的测量是实验一中的一个步骤，对于认知风格的区分有多种形式，学者 Grigorenko 等将已有的认知风格大体分为三类，分别是以认知为中心的观点、以人格为中心的观点和以活动为中心的观点，其中以认知为中心的观点的认知风格侧重于描述基本认知过程中的风格特点和不同个体在信息加工过程中的不同倾向性，而以"场"为认知风格划分的方法强调的即是知觉、思维等方面，涉及信息的加工过程，因此被归结为以认知为中心的认知风格。[①] 本书是研究学习者对学习内容记忆与保持的过程中的认知负荷问题，因此，选择以"场"来划分被试的认知风格较为适宜。

(二)认知负荷的测量

认知负荷的测量方法实际上已经在文献综述章节进行了整体的概述，因此本节将结合在实验过程中具体所使用的量表进行介绍。

1. 主观量表法

认知负荷实际上是学习者在完成客观任务的过程中所产生的主观感受，目前心理学范畴的研究者认为学习者有能力反思自身的认知过程，并通过数值在量表中给出相对应的反应，因此主观量表法是测量认知负荷最常用的方法之一。为了区分内部认知负荷、外部认知负荷和关联认知负荷，本书所采用的认知负荷主观测量量表是在 Hart 等[②]研究成果的基础上，又参考了林立甲等的研究成果，用三个主观题，分别是任务要求、导航要求和努力

---

①　GRIGORENKO E L, STERNBERG R J. Thinking style[M]. New York：Springer, 1995.

②　HART S G, STAVELAND L E. Development of NASA-TLX（Task Load Index）：Results of empirical and theoretical research[J]. Advances in Psychology, 1988,52：139–183.

来分别测量三种认知负荷(即内部认知负荷、外部认知负荷和关联认知负荷)的,赋值采用的是李克特9点量表的形式,学习者通过1—9的数值描述自身对认知负荷的感知,其中1代表最低值,9代表最高值。[1] 该认知负荷主观量表的具体内容如表7-2所示。

表7-2　认知负荷测量量表

题号	题项	测量指标	测量维度
1	你认为当前学习任务简单还是难度大?	任务要求	内部认知负荷
2	为了适应该学习环境,你需要付出多大努力?	导航要求	外部认知负荷
3	对你来说,理解学习环境中的概念有多难?	努力	关联认知负荷

2. 绩效测量法

绩效测量法是对认知负荷客观评价的重要指标之一,本书参考了学者Mayer的学习效果测量方法,即包括保持测试成绩和迁移测试成绩,其中保持测试成绩主要反映学习者对相关学习内容的记忆程度,考察学习者对知识的记忆、保持和再现情况,可反映学习者对相关学习材料的浅层记忆和理解[2];迁移测试成绩主要反映学习者对学习内容的理解程度,考察学习者对相关概念的建构、分析推理和问题解决的情况,所反映出的是学习者对学习材料较为深层次的学习。[3] 此外,先备知识前测试卷与后测保持成绩试卷一致。六项实验分别根据具体内容设计不同的测试题目。

3. 眼动测量法

眼动测量法记录的是学习者在认知加工过程中眼球的运动情况。学习

① LIN L J, LEE C H, KALYUGA S, et al. The Effect of Learner-Generated Drawing and Imagination in Comprehending a Science Text[J]. The Journal of Experimental Education, 2017, 85(1): 142-154.
② 迈耶. 多媒体学习[M]. 牛勇,邱香,译. 北京:商务印书馆, 2006.
③ 温小勇. 教育图文融合设计规则的构建研究[D]. 天津:天津师范大学, 2017.

者将所学的内容在大脑中进行加工,加工的过程中眼睛会注视在正在加工的内容上面。在本书中,实验三和实验五是关于不同呈现方式和学习方式的实验,被试在学习时会对具体的画面产生注视,这也是影响其认知负荷的重要变量,因此在实验三和实验五中配备了眼动测量方法,通过眼动数据更准确地衡量学习者的认知负荷。文献综述章节中已对眼动相关指标及其与认知负荷之间的关联加以说明,在此不再赘述,根据以往相关研究的结论,本书选取三项眼动数据作为衡量认知负荷的标准,分别是总注视时间、注视点平均持续时间和瞳孔直径。

(三)动机的测量

动机是影响关联认知负荷的重要因素,本书认为教育大数据的使用和呈现能够通过影响学习者的学习动机从而影响关联认知负荷,因此在实验六中对学习者的动机进行了前后测。本书中选用的是学者 Ryan 及学者林立甲所采用的动机测量量表用以测量学习者的学习动机,该量表共包含六个维度,分别是能力、压力、选择、价值观、兴趣和努力[1][2],赋值采用的是李克特 9 点量表法,其中 1 为完全不符合,9 为完全符合,学习动机的值为 6 个维度数值的总和,量表的具体内容如表 7-3 所示。

表 7-3　学习动机测量量表[1][2]

题号	题项	维度
1	我认为,在这次学习活动中我表现很好。	能力
2	完成这次学习任务,我完全没感到紧张。	压力
3	在这次学习中,我能进行自主地选择与调节。	选择
4	我认为这个学习任务对我有好处。	价值观
5	我认为这个学习活动很有趣。	兴趣
6	在这次学习活动中,我非常努力。	努力

① RYAN R M. Control and information in the intrapersonal sphere: An extension of cognitive evaluation theory[J]. Journal of Personality Social Psychology, 1982, 43(3): 450-461.

② 林立甲. 基于数字技术的学习科学:理论、研究与实践[M]. 上海:华东师范大学出版社,2016.

（四）访谈

由于认知负荷需要被优化控制在一个合理的范围内，如果总认知负荷较高，有可能是由无效的认知负荷较高引起的，也可能是由有效的关联认知负荷较高引起的，所以本书在每个实验完成后都对被试进行了访谈，访谈的目的是进一步了解认知负荷数据统计高低的原因所在，更深入地了解学习者认知负荷的产生情况，使实验结果产生的机理更加明确，并与成绩测量数据、认知负荷测量数据、眼动统计数据形成相互的支撑和佐证。根据六个实验的不同内容，研究者为每个实验分别设计了相应的访谈提纲，提纲经过三名教育技术学领域的专家和三名基础教育的教师审定，确认提纲方案可行。

第二节　案例一：智慧学习环境下学习者个体差异及先备知识因素对认知负荷的影响

学习者因素在前序章节被确定为智慧学习环境下影响认知负荷的因素之一，而学习者因素中个人差异和学习者的先备知识是两个重要变量，通常对认知负荷的优化控制也从这两个因素入手，因此实验一将利用智慧学习环境的功能特征对实验组的被试进行个体差异和先备知识差异的识别，再根据学习者的差异实行个性化教学，而对照组的被试将依据传统的方式进行无差异化的教学。

一、实验目的

探究认知负荷的优化控制策略，即识别利用智慧学习环境下的学习者个人差异以及先备知识的检测与识别功能后实行个性化教学与传统无差异化教学对学习者认知负荷影响的差异。

二、技术环境

该实验在"畅言智慧课堂"环境下进行,实验组的被试学习过程中应用到了智慧学习环境中的以下功能:(1)在线交互系统向学习者传输相关的调查问卷,通过智能分析功能将自动生成问卷统计结果,供教师作为后续教学的参考和依据。在线交互系统还能够为师生提供实时的在线交流,在课前,教师可以与学习者就其感兴趣的内容进行交流,以作为后续教学设计的依据。(2)即时反馈系统在课堂中为师生搭建即时交互的桥梁。课堂中,教师可以利用即时反馈系统让学生参与练习、提问、回答、投票等活动,系统能够在学生完成上述操作后,即刻给出统计结果,教师则可以根据相关数据结论,调整课程安排。(3)个人移动终端让学习者能够实现自主学习、资源共享等活动安排。(4)精准推送功能能够基于学习者的大数据,根据其自身特点对课堂内容进行"查缺补漏",为学习者提供个性化的练习题,以巩固学习效果。(5)智慧评价报告会在学习者完成学习后生成,报告具有个性化的特征,根据每位同学的课堂行为数据、测试成绩数据等对每一位学习者的整个课堂表现进行评估,供学生本人、教师以及家长进行参考。

三、实验方法

(一)实验设计

智慧学习环境能识别多种学习者的个体差异,由于实验条件和时间限制,不能对其一一进行探究,因此本书选择具有代表性的学习者个体特征,即学习者的认知风格作为区分学习者的因素。实验组首先对学习者进行区分,采用2(学习者认知风格)×2(学习者先备知识)的混合实验设计将学习者区分为四个组别,分别是场独立型×先备知识水平高的学习者所在组别为A组、场独立型×先备知识水平低的学习者所在组别为B组、场依存型×先备知识水平高的学习者所在组别为 C 组、场依存型×先备知识水平低的学习者所在组别为 D 组。接着,对四个组别的被试采用个性化的教学设计,具体教学设计详见本节的"教学设计与教学流程"中的内容,与此同时,对照组则不依据学习者的认知风格差异和先备知识高低进行差异化教学,而是进行统一的教学。因此,该实验的自变量实际上为实验组与对照组的教学模式,因变量为学习者的保持成绩、迁移成绩以及认知负荷。在实验结束后,对两个实验组的被试的保持成绩、迁移成绩、认知负荷进行测量,最后对被试进行访谈。

1. 教学内容

本实验的实验组和对照组采用相同的教学内容,即人民教育出版社出版、教育部 2013 年审定的八年级上生物学科第二章第一节"动物的运动"中的知识点"关节"。

2. 教学设计与教学流程

为了更清晰地呈现实验组与对照组教学过程的细节,以及两个组别在具体教学过程中的差异,本书对两个组别的教学设计和具体教学过程进行详细的描述,其具体内容如表7-4 所示。

表7-4　实验组与对照组教学活动设计对比

实验组	对照组
教学设计与教学过程	
一、课前准备	一、课前准备
1. 通过在线交互平台向被试传输认知风格测量问卷,被试完成问卷。系统统计数据结果,并对被试加以区分。 2. 通过在线交互平台向被试传输先备知识测试题,被试完成后,系统对数据进行统计,并对被试进行先备知识高、低的区分。 3. 向被试先备知识高的 A、C 组和被试先备知识低的 B、D 组分别推送精准的预习内容。	教师在在线交互平台上传输统一的有关"关节"的预习材料,被试自行进行学习。

续表

实验组				对照组
二、课堂教学				二、课堂教学
A组	B组	C组	D组	1. 教师进行课堂导入,利用动物的运动,引出运动中需要"关节"。
1. 教师进行课堂导入,利用动物的运动,引出运动中需要"关节"。 2. 被试使用个人移动终端,采用自主学习的方式学习"关节的基本结构"相关内容,被试可以自主安排学习的顺序、观看教学视频的次数等。 3. 自主完成推送的练习题。 4. 被试与教师进行交互,教师对学习过程中的疑问进行答疑解惑。 5. 教师进行课堂小结。		1. 教师进行课堂导入,利用动物的运动,引出运动中需要"关节"。 2. 将被试进行分组,采用合作学习的方式学习"关节的基本结构"相关内容,被试间可以进行面对面的和在线的交流与交互,共同探讨学习内容。 3. 共同完成推送的练习题,并相互针对答错的问题进行沟通讲解。 4. 被试与教师进行交互,教师对学习过程中的疑问进行答疑解惑。 5. 教师进行课堂小结。		2. 观看教学视频"关节的基本结构",学习关节面、关节囊、关节腔、关节软骨及其相关概念和作用。 3. 采用提问的方式,对教学视频中的内容进行边讲解边巩固。 4. 向学习者推送相关概念的练习题。 5. 教师进行课堂小结。
三、课后巩固				三、课后巩固
1. 智慧课堂平台根据每位学生课堂答题的准确率和耗时,推送个性化的学习资料和练习题,再次进行巩固。 2. 提供被试课堂行为、测试成绩等智慧评价报告,以及教师评价、同伴评价和被试自我评价报告。				1. 推送统一的练习题对被试进行知识巩固。 2. 提供被试课堂行为、测试成绩等智慧评价报告,以及教师评价、同伴评价和被试自我评价报告。

从表7-4中可以看出,实验组与对照组的差异主要在于实验组根据被试的先备知识差异,在课前对先备知识高和先备知识低的被试进行差异化

的知识补充,而对照组的被试教学也是在智慧学习环境下进行的,但使用的是无差异化的知识补充内容。在授课过程中,实验组根据被试不同的认知风格,对"场独立"型的被试采用了以自主学习为主的课堂教学模式,对"场依存"型的被试采用了以合作学习为主的课堂教学模式,而对照组未针对被试不同的风格采用不同的教学模式。实验组的教学模式体现了认知负荷优化控制策略中的基于智能分析系统识别学习者特征和基于学习者的先备知识差异进行教学设计。

(二)被试

本书选择 C 市 S 中学七年级的 48 名学生作为被试,其中男生 26 人,女生 22 人,平均年龄 13.31 岁。将 48 名被试随机分配到实验组和对照组,每组 24 人。后经过对被试学习风格以及先备知识的测量,确定实验组中的 A 组 4 人,B 组 8 人,C 组 6 人,D 组 6 人,分布较为平均。

(三)实验材料

本书的实验材料主要包括认知风格"镶嵌图形测试题"、先备知识测试题、前测试卷、后测试卷(保持成绩测试题、迁移成绩测试题)、认知负荷测量问卷、访谈提纲。

1. 认知风格量表

本书采用的认知风格测量量表是"镶嵌图形测试",其内容主要包含两部分——说明试题和测验试题:说明试题部分主要告知被试如何对题目进行作答及其注意的事项;测验试题部分又分为三部分,第一部分包含九道题,其作为练习提供给被试,不计分,第二部分和第三部分各有十道小题,被试需根据说明进行作答,从每一个所给出的复杂图形中找出图形下部标注的对应简单图形,第一部分不计分,第二部分和第三部分每题 1 分,最高 20 分。

2. 先备知识测试题

先备知识测试题主要有两个作用:一是用来确定被试拥有的先备知识

是否处在同一水平,避免因被试先备知识水平差异对实验结果产生影响;二是用来区分实验组组内被试先备知识水平的差异,并依据此结果进行分组,为后续教学设计做参考。先备知识测试题由一位中学生物教师编制,另外两位中学生物教师审定,以保证试题的有效性,最终共确定16道题目,其中包括7道判断题,每题4分,共28分;9道填空题,每题8分,共72分,试卷的总分是100分,得分越高,代表先备知识水平越高。

3. 后测试卷

后测试卷旨在测量被试的学习效果,包括保持成绩测试题和迁移成绩测试题。保持成绩测试题主要考查学习者对知识的记忆,为了保证实验的准确性,本书采用的后测保持成绩测试题与先备知识测试题保持一致。迁移成绩测试题主要考查学习者对知识的整合以及灵活运用能力。迁移成绩试题包含一道识图题,该题包含5个填空,每题12分,共计60分;还包含两道简答题,每题20分,试卷共计100分。迁移成绩测试题也是由一位中学生物教师编制,另外两位中学生物教师审定,以保证试题的有效性。

4. 认知负荷测量问卷

认知负荷测量问卷在前述章节中已经详细介绍过,采用的是3个试题,9级量表法,在此不再赘述。

5. 访谈提纲

访谈的主要目的在于作为前序研究结果的补充,用以深入探究所得实验结果的原因。本书中的访谈采用的是半结构化访谈,访谈提纲包括以下问题:(1)你觉得现在采用的这种课堂教学模式适合你吗,为什么?(2)在上课的过程中你觉得轻松还是吃力,如果吃力,具体在什么地方感到吃力?(3)你觉得跟普通的授课方式相比,这种教学模式有什么优势?

(四)实验流程

具体实验流程如图7-1所示。

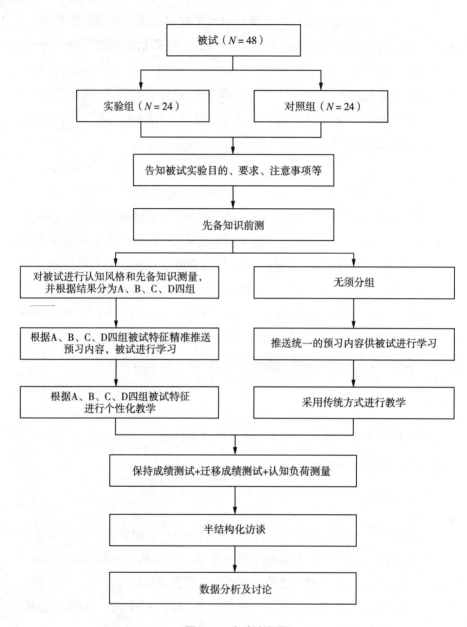

图 7-1　实验流程图

具体实验流程即按照上述实验流程图展开，值得强调的是其中实验组中的 A 组和 B 组的被试有自主控制学习节奏的权力，他们根据自己的需要对学习材料进行顺序的安排或者回放、暂停等。实验组和对照组采用的也是同一名授课教师,整个实验持续 50—60 分钟。

四、数据分析

本书利用 SPSS 22.0 对数据进行管理与分析。

(一)认知风格数据统计

"镶嵌图形测试"的计算公式为 t =(统计分数-常模分数)/常模标准差,因为 t 可能运算出小数或负数,因此通常采用 $T=t×10+50$ 来判断,当 T 大于 50 时,表明倾向于认知风格场独立型,当 T 小于 50 时,表明认知风格倾向于场依存型。根据该计算公式,实验组有 14 名被试为场独立型的认知风格,有 10 名被试为场依存的认知风格。认知风格不做数据统计使用,而是作为教学设计时的分组依据。

(二)先备知识成绩数据统计

本书在对实验组和对照组被试的先备知识成绩数据进行方差分析之前,先进行了方差同质性检验,$P=0.07>0.05$,可以进行方差分析。经统计两组被试的先备知识成绩和方差分析结果如表 7-5 所示。

表 7-5 先备知识测试数据统计

	均值	标准差	F	P
实验组	56.00	9.73	2.62	0.12
对照组	51.83	8.03		

由表 7-5 可知,实验组与对照组的被试先备知识水平不存在显著差异 $[F_{(1,46)}=2.62,P=0.12>0.05]$,不会对后测产生影响。

（三）保持成绩数据统计

首先对实验组和对照组被试的后测保持成绩进行方差同质性检验,$P = 0.32 > 0.05$,满足方差齐性要求,适合进行方差分析。方差分析结果如表7-6所示。从数据统计结果可以看出$[F(1,46) = 51.53, P = 0.000 < 0.05]$,两组被试的后测保持成绩存在显著性差异。

表7-6　保持成绩数据统计

	均值	标准差	F	P
实验组	90.83	7.78	51.53	0.000
对照组	72.83	9.01		

（四）迁移成绩数据统计

首先对实验组和对照组被试的后测迁移成绩进行方差同质性检验,$P = 0.81 > 0.05$,满足方差齐性要求,适合进行方差分析,方差分析结果如表7-7所示。从数据统计结果可以看出$[F(1,46) = 95.07, P = 0.000 < 0.05]$,两组被试的后测迁移成绩存在显著性差异。

表7-7　迁移成绩数据统计

	均值	标准差	F	P
实验组	72.67	8.74	95.07	0.000
对照组	45.58	10.43		

（五）认知负荷数据统计

首先对认知负荷测量问卷的信度进行检验,其 *Cronbach's* $\alpha = 0.86$,说明问卷具有较高的可靠性。对实验组和对照组被试的认知负荷进行方差同质性检验,$P=0.061>0.05$,满足方差齐性要求,适合进行方差分析,方差分析结果如表7-8所示。从数据统计结果可以看出[$F(1,46)=93.90$,$P=0.000<0.05$],两组被试总的认知负荷存在显著性差异。

表7-8 认知负荷数据统计

	均值	标准差	F	P
实验组	6.83	1.90	93.90	0.000
对照组	14.33	3.28		

(六)后测成绩与认知负荷的相关性

为了探究后测保持成绩和迁移成绩与认知负荷间的相互关系,本书采用皮尔森相关系数法对后测保持成绩和后测迁移成绩与总认知负荷进行相关性检验,结果如表7-9所示。后测保持成绩与后测迁移成绩均与被试总的认知负荷在0.01的水平上存在显著相关关系,后测保持成绩与总认知负荷呈负相关关系,相关性系数为-0.83,后测迁移成绩与总认知负荷亦呈负相关关系,相关性系数为-0.95。

表7-9 后测保持和后测迁移成绩与认知负荷间的相关性分析

	后测保持成绩	后测迁移成绩
总认知负荷	-0.83**	-0.95**

注:** 表示在0.01水平上显著相关。

(七)访谈结果

为了进一步了解被试采用不同教学模式时的学习体验和学习感受,本书采用了半结构化访谈方式,针对访谈提纲中的三个问题,两个组别的被试访谈结果主要总结如下:

1. 实验组访谈结果

(1)实验组中的 24 名被试均认为当前的教学模式很适合自己,其自身的学习效率较高。被访谈者认为课前的先备知识补充很有针对性,这份预习材料与后续的教学内容有着很好的衔接,使他们在后续学习时不会感到太吃力。场独立型学习者认为自主学习的模式让他们有更多独立的空间去按照自己的节奏进行学习,没有造成时间的浪费,这样避免了在无差异化的教学模式中所导致的注意力分散问题;场依存型学习者认为自己很适应合作学习的学习模式,合作学习可以起到相互帮助、从其他学习伙伴处获得补充知识的作用,他们也比较适应该种学习模式。

(2)24 名实验组的被试中有 21 名被试均表示在当前学习中感到难度适中,剩余 3 名被试表示学习难度较为轻松。原因是课前已经补充了有针对性的先备知识,后续学习不会感到太过困难。此外,个性化的学习方式使他们能够自主控制学习进度,对学习材料进行暂停或回看等操作,这样他们能够反复加工学习内容,直到学习内容被记忆。课后提供的练习题被被试认为是很有必要的,他们认为精准推送的练习题能够对他们掌握还不牢固的知识点起到巩固的作用。

(3)对于与未使用认知负荷优化控制策略的传统智慧教学模式相比较的问题,实验组的被试表示,他们更适应当前的智慧教学模式,因为当前的教学模式能够根据他们自身的特征进行有针对性的个性化教学,能使他们花费更少的精力即能习得知识,在学习的过程中他们感到较为轻松和愉快。与此同时被试还强调,在当前智慧教学模式下他们与智能设备的交互增多了,得到的反馈增多了,这一点对学习也有所帮助。

2. 对照组访谈结果

(1)对照组中的被试在访谈中表示,课堂教学模式相对单一,自己缺乏在课堂中的存在感和控制力,因此课堂参与度不高。其中有 5 名被试表示课堂节奏太慢会造成他们注意力分散,前面的预习材料也会产生与自己知识重合的情况,使他们对学习失去兴趣。

(2)24名被试中有13名被试表示,他们在学习过程中感到有些吃力,时常在自己疑惑的知识点上纠结,但此时教师的讲解已经过去了,他们无法进行回看。在练习题的讲解过程中,他们也经常听不到自己想听的内容,因为相对简单的内容经常会被教师忽略,他们的特征无法被教师识别和顾及,因此在学习过程中感到吃力。他们希望能有适合自己的教学节奏或者根据他们自身的基础水平设计的课堂。

五、结果讨论

本实验基于学习者因素中的"基于智能分析系统识别学习者特征""基于学习者先备知识差异进行教学设计"的认知负荷优化控制策略进行了教学设计,将使用认知负荷优化控制策略进行教学设计的组别作为实验组,未使用教学策略的组别作为对照组进行教学实验,实验过后测量两组被试在学习效果和认知负荷方面是否存在差异。研究结果表明:(1)实验组的被试后测保持成绩显著高于对照组;(2)实验组的被试后测迁移成绩明显高于对照组;(3)实验组被试的总认知负荷显著低于对照组;(3)被试的后测保持成绩和后测迁移成绩与总认知负荷均有显著的相关性。

结合实验后的半结构化访谈与数据统计结果,本书认为基于学习者因素的认知负荷优化控制策略能在智慧学习环境下有效地降低学习者的总认知负荷,提高学习效率,可以被认为是智慧学习环境下有效的认知负荷优化控制策略。根据访谈结果可知,基于学习者因素的智慧学习环境下的认知负荷优化控制策略的有效性体现在:(1)课前将被试按照其认知风格和先备知识水平的高低进行分组,并根据各组的不同特征,向被试推送有针对性的预习材料,这能精准地为被试补充先备知识,既不会对先备知识水平低的被试造成补充不足的问题,也不会对先备知识水平高的被试造成冗余的问题。课前实验组的被试先备知识都得到了很好的填补,因此后续学习时产生的认知负荷更低。(2)根据被试的认知风格采用以自主学习为主的课堂模式和以合作学习为主的课堂模式,是适应每一位被试自身情况的个性化教学模式。场独立型的被试能自主控制学习节奏,安排时间,这样能使他们更加集中注意力,也能针对自己不熟悉的内容自行反复识记,这是适用于他们自身的合适的学习方式;场依存型的被试能够在合作学习中与学习同伴产生更多的交互,从同伴那里获取自身缺乏的知识,并且整个学习过程是适合被试风格的模式和节奏,因此被试的认知负荷更低,反之,未使用策略的被试,因个体不同的差异不能被照顾到,因此不是每一位被试都能取得良好的学习效果。(3)课后,实验组的被试完成智能学习系统推送的精准化练习题,这对被试生疏的知识点来讲是一个反复强化的过程,被试只面对自己在整节课中的欠缺部分,不需要再付出认知资源思考已经掌握的内容,因此,根据被试个人差异提供的精准化练习题能够促进被试学习,使被试在后测中有更好的表现,同时认知负荷更低。

第三节　案例二:智慧化学习材料设计对认知负荷的影响

案例二利用智慧学习环境的功能对学习材料进行设计,降低学习材料的复杂性、提高学习材料的总结性和逻辑性。此外,由于针对提示信息影响因素的策略在本实验中合并进行,因此,学习材料中还添加了提示信息。在一节课中应用所有的优化控制策略是不现实的,且可能会给教师带来较大的工作量和教学压力,实验二分四个方面各选取一个策略:即通过采用分屏呈现学习材料的方式减少同一界面上出现信息的数量,降低学习材料的复杂性;采用阶段式的总结提高学习材料的总结性;向学习者提供有逻辑联系的超链接,提高学习材料的逻辑性;添加了针对学习内容的提示信息。利用这四项策略对学习材料和教学过程进行设计,并基于此进行实验研究。

一、实验目的

探究使用智慧化学习材料与使用普通学习材料进行教学对学习者认知负荷影响的差异,从而验证该条认知负荷优化控制策略的有效性。

二、技术环境

实验二中的实验组在"畅言智慧课堂"环境下进行,主要是利用智慧学习环境的功能进行了学习材料的设计,所使用到的技术以及设备有:(1)交互式电子白板与个人移动终端交互呈现学习内容,两者所呈现的学习内容有着内在的逻辑联系,能够起到相互支撑的作用;(2)使用智能标记工具,学习者可以采用智能标注工具在个人移动终端上随时进行标记、勾画、记录等,为自己识记学习内容起到提示作用;(3)超链接也在本实验中被使用,主要用于在每条小结后直接跳转到相应的练习题。

三、实验方法

(一)实验设计

本实验将被试分为实验组和对照组。实验组采用基于认知负荷优化控制策略所设计的学习材料,而对照组所使用的学习材料是普通未使用认知负荷优化控制策略的。两组被试分别使用上述材料进行学习,学习过后对两组被试进行保持成绩的测试、迁移成绩的测试、认知负荷问卷测量以及半结构化访谈。

1. 教学内容

本实验的实验组和对照组采用相同的教学内容,即人民教育出版社出版、教育部 2013 年审定的八年级下册《物理学》第十二章第一节"杠杆"。其中包括杠杆概念、杠杆的五要素、杠杆的分类及其特征。

2. 学习材料设计

本书利用认知负荷的优化控制策略,对实验组的教学材料进行设计。

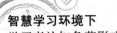
首先利用降低学习材料复杂性的策略来减少同一页面上出现的信息的数量,这样能够使信息以较为微型化的单位出现,避免被试在学习时认知负荷的超载。为了满足该项策略,本实验采用智慧学习环境中的交互式电子白板和被试的个人移动终端双屏呈现学习内容,将原本使用一个界面呈现的内容,分开在两个界面上,使被试能够将两个显示终端配合使用。两个显示终端的内容亦是相互支撑的作用,实验组部分学习材料内容如图7-2所示,对应内容的对照组部分学习材料内容如图7-3所示。

■ 生活中的杠杆	■ 生活中的杠杆
1.你在生活中使用过以下工具吗? 2.使用的时候有什么感觉? 3.下面几个工具的共同特征是什么? 4.这些工具在工作时是否都有一个固定的支撑点?这个点分别在哪里?	
交互式电子白板呈现内容	被试个人移动终端呈现内容

图7-2　实验组部分分屏呈现的学习材料内容

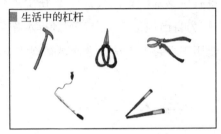

　生活中的杠杆

1.你在生活中使用过以下工具吗?

2.使用的时候有什么感觉?

3.下面几个工具的共同特征是什么?

4.这些工具在工作时是否都有一个固定的支撑点?

这个点分别在哪里?

图7-3　对照组部分分屏呈现的学习材料内容

如图7-2所示,图片展示的是实验组基于降低学习材料复杂性设计的学习内容,其中左侧为交互式电子白板显示的学习材料内容,右侧为被试个人移动终端显示的学习材料内容,教师将指导被试配合使用两个显示终端;图7-3中展示的是未采用认知负荷优化控制策略的对照组的学习材料,所有的内容均呈现在交互式电子白板上。

基于学习材料影响因素的策略除了上述降低学习材料复杂性的作用,还有提高学习材料的总结性和逻辑性的作用,根据这两个优化控制策略,本书对实验组的学习材料进行设计时,将两条优化控制策略合并使用,即新知识讲授完毕后,对知识进行一个小结,使学习者能够加深对各个知识点的印象,在对知识点逐条进行总结的同时,在每个相应的知识点后建立一个超链接,点击超链接就会自动跳转到对应知识点的练习题,这样每道练习题都与知识点有着逻辑关系。具体的内容呈现如图7-4所示,图7-5是点击完超链接所出现的练习题。

小结

1.杠杆:在力的作用下,能够围绕一个固定点转动的一根硬棒。(点击习题)

2.杠杆五要素:支点、动力、动力臂、阻力、阻力臂。(点击习题)

3.杠杆的分类:省力杠杆、费力杠杆、等臂杠杆。

4.省力杠杆的特征:动力臂大于阻力臂,省力费距离。(点击习题)

5.费力杠杆的特征:阻力臂大于动力臂,省距离费力。(点击习题)

6.等臂杠杆的特征:动力臂等于阻力臂,既不省力也不费力。(点击习题)

图7-4　知识点小结

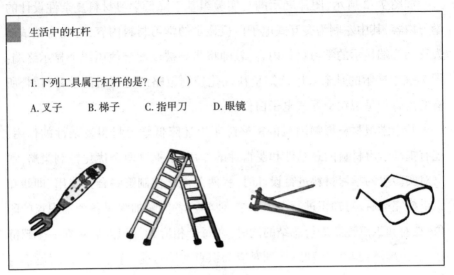

图 7-5　知识点超链接对应习题举例

为了验证提示信息的作用,实验组的学习材料还添加了关于学习内容的提示信息,如图 7-6 所示,对照组所使用的学习材料则没有相关提示信息。

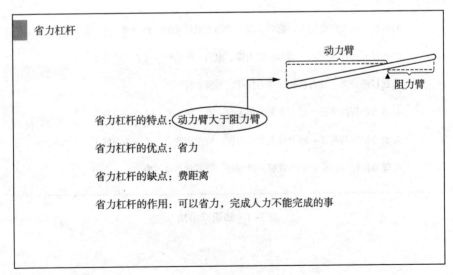

图 7-6　提示信息举例

3. 教学设计与教学流程

为了更直观地呈现实验组与对照组教学过程的细节,以及两个组别在具体教学过程中的差异,本书对两个组别的教学设计和具体教学过程进行详细的描述,其具体内容如表 7-10 所示。

表 7-10　实验组与对照组教学活动设计对比

实验组	对照组
一、内容导入	一、内容导入
向被试展示"生活中的杠杆"图片,将图片呈现在被试的个人移动终端上,将引导性问题呈现在交互式电子白板上,在被试观察图片的同时,教师读出引导性问题供被试思考,被试也可以根据个人需要在个人移动终端上使用智能标注工具在图片上做标记。	利用交互式电子白板向被试展示"生活中的杠杆"图片,并思考图片旁呈现的引导性问题。
二、课堂教学	二、课堂教学
1. 教师讲解杠杆的结构,杠杆的"五要素",教学材料采用分屏呈现的方式,被试可以根据自身需求,使用智能标注工具在学习材料上进行标注和勾画。 2. 教师讲解杠杆的三种类型,"省力杠杆""费力杠杆""等臂杠杆",以及各种类型杠杆的特征、优缺点和作用,采用分屏呈现的方式,被试可以根据自身需求,使用智能标注工具在学习材料上进行标注和勾画。	1. 教师讲解杠杆的结构,杠杆的"五要素",学习内容均呈现在交互式电子白板上。 2. 教师讲解杠杆的三种类型,"省力杠杆""费力杠杆""等臂杠杆",以及各种类型杠杆的特征、优缺点和作用,学习内容均呈现在交互式电子白板上。
三、课堂小结	三、课堂小结
对课堂中学习的内容进行逐条小结,交互式电子白板上和被试个人移动终端同时显示该部分内容。复习完每条小结知识点后,被试点击相应的超链接进行对应的习题训练。	教师对课堂进行简短的口头小结。

（二）被试

本书选择 C 市 S 中学七年级的 53 名学生作为被试，其中男生 25 人，女生 28 人，平均年龄 13.19 岁。将 53 名被试随机分配到实验组和对照组，实验组 26 人，对照组 27 人。被试均具有较好的智慧学习环境的学习经验，课堂教学内容对于被试是新知识。

（三）实验材料

本书的实验材料主要包括先备知识测试题、后测试卷（保持成绩测试题、迁移成绩测试题）、认知负荷测量问卷、访谈提纲。

1. 先备知识测试题

先备知识测试题是用来测量被试对于实验中使用的教学内容的先备知识是否处在同一水平，避免因被试先备知识水平差异对实验结果产生影响。先备知识测试题由一位中学物理教师编制，另外两位中学物理教师审定，以保证试题的有效性，最终共确定 16 道题目，其中包括：4 道选择题，每题 10 分，共 40 分；12 道填空题，每题 5 分，共 60 分，试卷的总分是 100 分，得分越高，代表先备知识水平越高。

2. 后测试卷

后测试卷旨在测量被试的学习效果，包括保持成绩测试题和迁移成绩测试题。保持成绩测试题主要考查学习者对知识的记忆，为了保证实验的准确性，本书采用的后测保持成绩测试题与先备知识测试题保持一致。迁移成绩测试题主要考查学习者对知识的整合以及灵活运用能力，迁移成绩试题包含：4 道选择题，每题 10 分，共 40 分；2 道判断题，每题 10 分，共 20 分；两道填空题，每空 20 分，共 40 分；试卷共计 100 分。迁移成绩测试题也是由一位中学物理教师编制，另外两位中学物理教师审定，以保证试题的有效性。

3. 认知负荷测量问卷

认知负荷测量问卷在前述章节中已经详细介绍过，采用的是 3 个试题，9

级量表法,因此,在此不再赘述。

4. 访谈提纲

访谈的主要目的在于作为前序研究结果的补充,以明确产生实验结果的原因。本书中的访谈采用的是半结构化访谈方式,访谈提纲包括以下问题:(1)你觉得这节课中所使用的学习材料难度如何? (2)你认为本节课中所使用的学习材料哪一部分对你有较大帮助? 为什么?

(四)实验流程

具体实验流程如图 7-7 所示,持续 40—50 分钟。

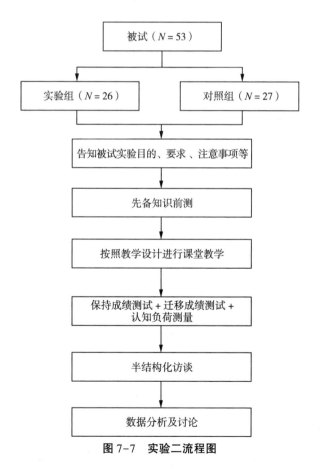

图 7-7 实验二流程图

四、数据分析

本书利用 SPSS 22.0 对数据进行管理与分析。

（一）先备知识数据统计

在传授新知识之前,对两组被试进行先备知识的测试,在对两组数据进行方差分析之前,先进行方差同质性检验,$P=0.94>0.05$,方差具有齐性,可以进行方差分析。经统计两组被试的先备知识成绩和方差分析结果如表7-11 所示。

表 7-11　先备知识测试数据统计

	均值	标准差	F	P
实验组	45.77	8.91	1.54	0.22
对照组	42.96	7.50		

由表7-11 可知,实验组与对照组的被试先备知识水平不存在显著差异 $[F(1,51)=1.54,P=0.22>0.05]$,不会对后测产生影响。

（二）保持成绩数据统计

首先对实验组和对照组的被试的后测保持成绩进行方差同质性检验,$P=0.72>0.05$,满足方差齐性要求,适合进行方差分析,方差分析结果如表7-12 所示。从数据统计结果可以看出 $[F(1,51)=43.00,P=0.000<0.05]$,两组被试的后测保持成绩存在显著性差异。

表 7-12　保持成绩数据统计

	均值	标准差	F	P
实验组	84.23	11.37	43.00	0.000
对照组	63.89	11.21		

（三）迁移成绩数据统计

首先对实验组和对照组的被试的后测迁移成绩进行方差同质性检验，$P = 0.43 > 0.05$，满足方差齐性要求，适合进行方差分析，方差分析结果如表7-13所示。从数据统计结果可以看出 $[F(1, 51) = 19.73, P = 0.000 < 0.05]$，两组被试的后测迁移成绩存在显著性差异。

表7-13　迁移成绩数据统计

	均值	标准差	F	P
实验组	81.54	16.17	19.73	0.000
对照组	59.63	19.51		

（四）认知负荷数据统计

首先对认知负荷测量问卷的信度进行检验，其 $Cronbach's \ \alpha = 0.94$，说明问卷具有较高的可靠性。对实验组和对照组的被试的认知负荷进行方差同质性检验，$P = 0.06 > 0.05$，满足方差齐性要求，适合进行方差分析，方差分析结果如表7-14所示。从数据统计结果可以看出 $[F(1, 51) = 190.68, P = 0.000 < 0.05]$，两组被试的总的认知负荷存在显著性差异。

表7-14　认知负荷数据统计

	均值	标准差	F	P
实验组	13.15	1.74	190.68	0.000
对照组	18.77	1.19		

（五）后测成绩与认知负荷的相关性

为了探究后测保持成绩和后测迁移成绩与认知负荷间的相互关系，本书采用皮尔森相关系数法对后测保持成绩和后测迁移成绩与总认知负荷进行了相关性检验,结果如表 7-15 所示。后测保持成绩与后测迁移成绩均与被试总的认知负荷在 0.01 的水平上存在显著相关关系,后测保持成绩与总认知负荷呈负相关关系,相关系数为-0.63,后测迁移成绩与总认知负荷亦呈负相关关系,相关性系数为-0.50。

表 7-15 后测保持和后测迁移成绩与认知负荷间的相关性分析

	后测保持成绩	后测迁移成绩
总认知负荷	-0.63[**]	-0.50[**]

注:[**] 表示在 0.01 水平上显著相关。

(六)访谈结果

为了进一步了解被试在使用不同学习材料时的学习体验和学习感受,同时明确学习材料因素和提示信息因素给被试带来的不同影响,本书采用了半结构化访谈方式,针对访谈提纲中的三个问题,两个组别的被试访谈结果主要总结如下:

1. 实验组访谈结果

实验组中的 26 名被试有 19 名被试认为学习材料的难度较轻,有 7 名被试认为学习材料的难度适中。认为学习材料难度较轻的被访谈者主要认为分屏呈现学习内容的方式使学习材料的难度下降了,因为不需要在同一界面上阅读和记忆太多的内容,他们通常将注意力专注在个人移动终端的图片上,教师会把文字信息讲解出来,他们无须同时加工两项内容,当有需要的时候,他们会看一眼文字信息作为补充,这使得他们觉得学习的过程较为轻松。此外,分屏呈现后每页上面呈现的内容变少,所以觉得总体上学习材料难度较小。被试认为后测试题较为简单,原因是在学习完新知识后,最后的小环节部分起到了对知识的巩固作用,而且复习完一个知识点立刻就有对应的超链接进行习题练习,超链接和知识点之间的联系非常紧密,对知识和习题的衔接起到了非常好的作用,对学习很有帮助。此外,有20名被试均表示学习材料中的提示信息对他们有帮助作用,让他们能够轻松回忆起相关联的内容,使学习变得轻松。

2. 对照组访谈结果

对照组中有18名被试表示学习材料偏难,7名被试表示学习材料难度适中,2名被试表示学习材料较为简单。被试认为学习材料偏难的主要原因有学习内容呈现在界面上时布局安排不是很合理,知识点的数量偏多,被试记忆有困难。此外,由于该课堂中所使用的学习材料与传统学习材料差别不大,所以未从被访谈者的访谈内容中整理出尤其对其有帮助的内容部分。

五、结果讨论

本实验研究基于学习材料因素中的降低学习材料的复杂性、提高学习材料的总结性和逻辑性以及添加提示信息的认知负荷优化控制策略对教学材料进行了设计,将使用基于认知负荷优化控制策略的教学材料的组别作为实验组,使用普通传统型材料的组别作为对照组进行教学实验,实验过后测量两组被试在学习效果和认知负荷方面是否存在差异。研究结果表明:(1)实验组的被试后测保持成绩显著高于对照组;(2)实验组的被试后测迁移成绩明显高于对照组;(3)实验组被试的总认知负荷显著低于对照组;(4)被试的后测保持成绩和后测迁移成绩与总认知负荷均有显著的相关性。

结合实验后的半结构化访谈与数据统计结果,本书认为基于学习材料因素和提示信息因素的认知负荷优化控制策略能在智慧学习环境中有效地降低学习者的总认知负荷,提高关联认知负荷,从而提高学习效率,可以被认为是智慧学习环境下有效的认知负荷优化控制策略。根据访谈结果可知,基于学习材料因素的智慧学习环境下的认知负荷优化控制策略的有效性体现在:(1)学习材料采用交互式电子白板与学习者个人移动终端分屏呈现的方法,将呈现在同一界面的复杂学习内容分开呈现,减少同一界面上出现的信息量,方便学习者进行加工。同时,两个屏幕呈现内容起到相互支撑、补充的作用,学习者亦可以在个人移动终端上根据自己的需求对内容进行标记,这样学习者就不用在同一时间将所有的学习内容记忆在脑海中,可以释放部分认知资源,因此在学习的过程中也就会感到相对更轻松。(2)实验组的教学材料在最后环节进行了一个小结,将本节课的知识点呈现在交互式电子白板上,这对于学习者来说是一个对知识的巩固过程,小结同时在每个知识点后设置一个超链接,直接连接到相应的练习题,这对被试来说是一个建立逻辑的过程,整个学习过程为被试建立了牢固的知识基础,因此其在后测中表现更好,学习效果更佳。基于提示信息因素的智慧学习环境下的认知负荷优化控制策略的有效性体现在:(1)根据对被试的访谈结果,教学材料中添加对教学内容的提示信息,提示信息是与当前教学内容相关联的,能够促使学习者根据提示信息联想到脑中已有的知识储备,使学习变得轻松。这个过程其实是图式构建的过程,能够增加学习者的关联认知负荷,因此,学习者感到学习更加轻松。(2)总认知负荷的数据统计显示,实验组为 13.15,对照组为 18.77。两组被试的总认知负荷虽然存在显著性差异,但总认知负荷的平均值差距并没有特别大,结合访谈内容可以判断,总认知负荷差异不大的原因是实验组的关联认知负荷较高,导致实验组被试的总认知负荷增加,这也证明了实验组中的提示信息策略在优化关联认知负荷方面具有有效性。

第四节　案例三:基于眼动分析法的智慧化呈现方式对学习者认知负荷的影响

呈现方式在前序章节已被证实是智慧学习环境下影响学习者认知负荷的因素之一。选择合理的呈现方式呈现教学内容能够降低学习者的认知负荷,提高学习效率。本实验将以智慧学习环境中的增强现实(AR)技术呈现教学内容,并与传统的呈现方式做对照实验研究,结合眼动追踪技术测量学习者的认知负荷,以此证明利用智慧呈现方式的认知负荷优化控制策略的有效性。

一、技术环境

本实验在"畅言智慧课堂"环境下进行,并配合了手持式 AR 设备和 AR 教育资源软件,其操作便捷,效果清晰。由于移动设备的快速发展,移动终端,例如手机等已经成为 AR 技术应用的重要平台,本实验中即利用智慧学习环境中所配备的学生个人移动终端作为 AR 技术的应用设备。所使用的 AR 教育资源软件是一款 AR 互动 APP,可以直接下载到个人移动终端。本实验应用该款软件进行教学内容的展示,能够让学习者体验到深度的互动,并使抽象的学习内容具体化。配合着 AR 技术设备,再利用智慧学习环境中的精准推送等功能,为学习者进行知识的巩固。

二、基于 AR 技术的教学活动案例设计

《义务教育科学课程标准(2022 年版)》中科学课程内容有物质、能、生命系统、生物与环境、地球系统等主题。① 基于这些主题的学习内容,本实验选择符合主题的课程内容,使用 AR 教学工具,设计了基于 AR 技术的教学活动案例"河流生态系统的演变"。本课程的教学主题为河流生态系统及其演变,主要介绍了有关河流、水坝及其对人类生存环境影响的知识。其主要内容是描述海水蒸发进入云层后形成降雨,雨水在地面的流动会积聚营养和其他天然物质,河流的流动有其自然规律,也会积存大量沉淀物,当水位上涨时,河水会溢向平原,旱季时,平原又会干涸,因此人们开始修建水坝以达到人为控制河流的目的,但改变了自然规律,对河流造成阻断,可能会

---

① 中华人民共和国教育部. 义务教育科学课程标准(2022 年版)[M]. 北京:北京师范大学出版社,2022.

带来毁灭性的灾害;接着,人们又会通过拆除水坝来恢复河流的自然流通。为了可持续发展,人们利用水电、太阳能、风电进行优化组合,将生产最大化,有了整合优化的能源供给,流域便能获得充足的能源,主干河流也能保持良好的连通性并自由流动,从而形成一个健康的河流生态系统。本堂课的学习内容作为科学课程中"自然环境"中河流章节的拓展部分,是对书本常规知识内容的补充,具有一定的科普性质,有助于更好地激发学生对地理学科的学习兴趣,拓展知识面。具体设计如表7-16所示。

表7-16 AR课堂学习活动流程设计

学习环节	教师活动	学生活动	设计意图
课堂导入 5分钟	演示PPT上河流的图片,提问被试曾经见过哪些大江大河,并与其他同伴分享。	思考教师提出的问题,回忆自己过往经历,并与学习同伴分享。	引入本堂课的主题,并激发被试思考相关问题。
教学演示 3分钟	播放有关河流及水电站的教学视频。	观看教学视频。	通过教学视频对本节课的教学内容有初步了解。
新知讲授 10分钟	结合PPT课件,向被试初步讲解有关河流形成、水坝修建以及与生态系统有关的教学内容。	观看教学课件,学习相关知识。	使被试对本节课内容有初步系统的了解。
AR教学 12分钟	安排被试进行AR学习分组,指导被试使用AR教学软件进行学习,维持课堂的正常秩序。	利用移动终端设备和AR技术工具,与小组同学共同学习河流相关知识,并对观点进行交流讨论。	以被试为课堂主体,用新颖的呈现方式激发学习者的学习动机和兴趣,提高学习效率。
被试分享 8分钟	组织各小组与全班同学交流学习内容与学习感悟,并对其进行点评。	分享学习结果,与学习同伴建立生生互评。	增加师生、生生间的深度互动。

续表

学习环节	教师活动	学生活动	设计意图
课堂互动 5 分钟	指导被试使用 AR 教学软件操作木筏,与学习内容形成深度互动。	使用 AR 教学软件与学习内容形成互动,感受和控制木筏在河流上的行进。	增强被试与 AR 技术的深度互动,激发被试的学习兴趣和学习动机,从而提高学习效率。
总结拓展 2 分钟	总结和梳理本节课的重点,引导被试使用智慧教学软件进行课外知识练习和补充。	聆听教师的总结,进行自我总结、回顾、反思,完成课后内容。	总结与回顾课程内容,对被试掌握的知识形成巩固作用,增强学习效果。

以上则为整个 AR 教学案例的设计流程,AR 教学具体案例的实施按照上述流程展开。

三、基于 AR 技术的教学活动实施与效果分析

基于前面对 AR 教学案例的设计,本书展开了具体实施活动。为了探究基于 AR 技术呈现教学内容的认知负荷优化控制策略是否具有有效性,本书将以上述案例设计进行教学的实验组实验,同时选择另外一个平行班为对照组进行同样内容的教学活动。对照组也采用小组学习的方式,授课教师与实验组保持一致,教师在授课过程中主要采用传统课堂模式,使用常见的多媒体教学设备进行教学视频的展示,每次为一个小组进行授课。值得强调的是,本书为了展现实验组与对照组的学生在认知负荷方面的差异,在学习的过程中为部分学习者佩戴了眼动仪,在教学结束后,分别对实验组和对照组的学生进行学习成绩的后测、动机的测量和认知负荷主观问卷的测量。

（一）实验对象

本书以 C 市 S 中学七年级的 52 名学生作为实验对象,将其随机分为实验组和对照组。实验组共有 27 名被试,4—6 人作为一个学习小组,共分为 6 组;对照组共有 25 名被试,4—5 人作为一个学习小组,共分为 6 组。实验组被试平均年龄 12.59 岁,男生 12 人,女生 15 人;对照组被试平均年龄 12.44 岁,男生 11 人,女生 14 人。整体而言,实验组与对照组的被试在性别和年龄的构成上较为接近。同时,为了排除因被试先备知识水平不同对实验结果造成的影响,本书对实验组和对照组的被试本学期近两次月考综合成绩进行了方差分析,发现两个组别的被试知识水平不存在显著差异,说明被试初始学习水平大体一致,不会对后续实验结果产生影响。

（二）实验工具

本实验所使用的实验工具有眼动仪、学习动机测量问卷、前后测试卷、认知负荷测量问卷、结构化访谈提纲。

1. 眼动仪

为了探究不同呈现方式对被试认知负荷的影响,本书采用了眼动追踪技术探究被试在通过不同呈现方式进行学习时眼球的运动情况,并以此作为认知负荷的客观评价指标。本实验中所采用的眼动仪是 Tobii Pro Glasses 2,采样频率为 50Hz。该眼动仪具有便携的特征,被试能够在不影响正常的课堂学习的情况下佩戴。眼动仪在正式使用之前须进行校准,校准成功后,眼动仪方开始记录。值得强调的是,由于眼动仪数量和价格的限制,本书在每个学习小组中选择一名被试佩戴眼动仪进行数据采集,即实验组和对照组各有 6 名被试被采集了眼动数据。由于样本量较小,要求每名被试具有一定的代表性,因此实验组和对照组的 6 名被试,均根据近两次月考综合成绩选择 2 名成绩较差的被试、2 名学习成绩中等的被试和 2 名学习成绩优异的被试,以保证眼动数据的准确性。

2. 学习动机测量量表

本书对被试的学习动机进行前测和后测。对学习者学习动机进行前测的目的是确定实验组与对照组的被试初始学习动机是否处在同一水平,对被试的动机后测是为了检验通过不同的呈现方式学习后,是否对被试的学习动机产生了不同的影响,而学习动机的不同又会影响关联认知负荷。本书中所使用的学习动机测量量表是学者 Ryan 及学者林立甲开发的,在前序章节已经做过相关介绍,在此不再赘述,量表采用的计分方式是李克特 9 点量表法。

3. 后测试卷

后测试卷旨在测量学习者通过学习过后,对相关知识的记忆、理解、整合及运用情况。本实验中所使用的后测试卷是由一名初中地理教师编制,另外两位初中地理教师审定,以保证试题的有效性。最终确定后测试卷包含 5 道单选题和 5 项填空题,每题 10 分,共计 100 分,得分越高表明学习效果越好。

4. 认知负荷测量问卷

认知负荷测量问卷在前述章节中已经详细介绍过,采用的是 3 个试题,9 级量表法,因此,在此不再赘述。

5. 访谈提纲

访谈的设计主要是为了了解通过 AR 呈现方式进行学习的被试在学习过程中的真实感受并作为其他数据统计结果形成原因的支撑。本书设计的访谈提纲包括以下问题:(1)你认为使用 AR 教学软件呈现学习内容效果如何?(2)和传统的教学方式相比,使用 AR 技术进行教学给了你怎样的体验和感受?你更喜欢哪种教学方式?(3)你认为 AR 技术呈现教学内容的优势和劣势分别是什么?

（三）实验流程

本实验具体的实验流程如图 7-8 所示。

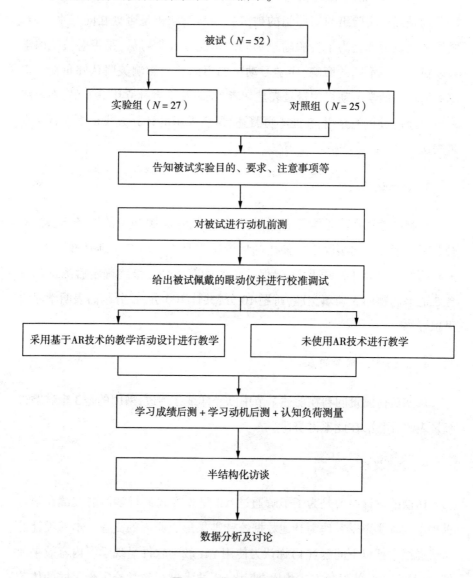

图 7-8　实验三实验流程

四、数据分析

本书利用 SPSS 22.0 对数据进行管理与分析。

(一)学习动机前测

首先对学习动机调查问卷进行信度检验,其 *Cronbach's* $\alpha = 0.78$,信度可接受。在传授新知识之前,对两组被试进行学习动机的前测,在对两组数据进行方差分析之前,先进行了方差同质性检验,$P = 0.09 > 0.05$,方差具有齐性,可以进行方差分析。经统计两组被试的学习动机成绩和方差分析结果如表 7-17 所示。

表 7-17　学习动机前测数据统计

	均值	标准差	F	P
实验组	22.19	3.09	0.04	0.84
对照组	22.40	4.29		

由表 7-17 可知,实验组与对照组的被试前测动机水平不存在显著差异 $[F(1,50) = 0.04,P = 0.84 > 0.05]$,不会对后测产生影响。

(二)后测成绩数据统计

首先对实验组和对照组被试的后测成绩进行方差同质性检验,$P = 0.676 > 0.05$,满足方差齐性要求,适合进行方差分析,方差分析结果如表 7-18 所示。从数据统计结果可以看出 $[F(1,50) = 266.60,P = 0.000 < 0.05]$,两组被试的后测保持成绩存在显著性差异。

表 7-18　后测成绩数据统计

	均值	标准差	F	P
实验组	88.89	8.01	266.60	0.000
对照组	52.80	7.92		

（三）学习动机后测数据统计

学习动机后测试卷的信度为 $Cronbach's\ \alpha = 0.78$，信度可接受。首先对实验组和对照组的被试的学习动机后测进行方差同质性检验，$P = 0.41 > 0.05$，满足方差齐性要求，适合进行方差分析，方差分析结果如表 7-19 所示。从数据统计结果可以看出 $[F(1,50) = 469.24, P = 0.000 < 0.05]$，两组被试的后测动机存在显著性差异。

表 7-19　学习动机后测数据统计

	均值	标准差	F	P
实验组	41.67	3.31	469.24	0.000
对照组	23.08	2.84		

此外，本书还分别对实验组和对照组动机的前后测数据进行了方差分析，目的是确定基于 AR 技术的教学方式与传统的教学方式是否会对学习者的学习动机产生显著性的影响，数据统计结果显示，实验组学习动机前后测方差分析数据为 $[F(1,25) = 469.45, P = 0.000 < 0.05]$，存在显著性差异，而对照组学习动机前后测方差分析数据为 $[F(1,23) = 2.58, P = 0.115 > 0.05]$，不存在显著性差异。

（四）认知负荷问卷数据统计

首先对认知负荷测量问卷的信度进行检验，其 $Cronbach's\ \alpha = 0.93$，说明问卷具有较高的可靠性。对实验组和对照组被试的认知负荷进行方差同质性检验,$P=0.20>0.05$,满足方差齐性要求,适合进行方差分析,方差分析结果如表7-20所示。从数据统计结果可以看出[$F(1,50)=156.06$,$P=0.000<0.05$],两组被试的总的认知负荷存在显著性差异。

表7-20 认知负荷数据统计

	均值	标准差	F	P
实验组	13.22	1.74	156.06	0.000
对照组	18.72	1.40		

(五)后测成绩、学习动机与认知负荷的相关性

为了探究后测成绩、学习动机与认知负荷间的相互关系,本书采用皮尔森相关系数法分别对后测成绩和学习动机与总认知负荷进行了相关性检验,结果如表7-21所示。后测成绩与被试总的认知负荷在0.01的水平上存在显著负向相关关系,相关性系数为-0.97;学习动机与总认知负荷呈负相关关系,相关性系数为-0.93。

表7-21 后测成绩、学习动机与认知负荷的相关性分析结果

	后测成绩	学习动机
总认知负荷	-0.97**	-0.93**

注:** 表示在0.01水平上显著相关。

(六)眼动数据统计

本实验中选用的眼动指标主要包括总注视时间、注视点平均持续时间和瞳孔直径。其中总注视时间采用的是被试在一个或一组兴趣区内所有注视点持续时间的总和,该指标能够反映学习者对学习材料的加工程度,注视时间越长,表明学习者对学习材料进行了深度的加工,认知负荷越大。注视

点平均持续时间指被试的视线停留在注视点上的平均时间,该指标能够反映学习者对学习材料的加工程度,平均持续时间越长,认知负荷越大。瞳孔直径反映被试认知加工强度以及认知负荷大小,瞳孔大小不受意识影响,可以很好反映被试的脑力负荷。瞳孔大小与任务难度成正比,即任务难度越大,被试需要投入的认知资源越多,越容易引起瞳孔变大;反之,在其他教学条件均一致的情况下,瞳孔越小,能够在一定程度上表明学习内容越简单轻松,学习者的学习态度越积极。[1] 眼动数据统计结果如表 7-22 所示。

表 7-22　实验组与对照组眼动数据分析(M±SD)

	总注视时间（秒）	注视点平均持续时间(毫秒)	瞳孔直径(毫米)
实验组	275.84(76.61)	206.37(18.08)	3.52(0.12)
对照组	384.76(37.55)	280.20(102.31)	3.91(0.18)

经过对实验组与对照组被试各项眼动数据的统计分析,得出两组被试眼动数据的方差同质性检验结果:总注视时间、注视点平均持续时间和瞳孔直径的方差同质性检验结果分别是 0.204、0.08 和 0.510,从数据可以看出,均大于 0.05,因此符合方差齐性的要求,可以进行方差分析。接着对两组数据各项指标进行了方差分析:总注视时间的方差分析结果$[F(1,10)=9.78, P=0.01<0.05]$,表明两组被试的总注视时间具有显著性差异;注视点平均持续时间的方差分析结果$[F(1,10)=3.03, P=0.11>0.05]$,表明两组被试的注视点平均持续时间不具有显著性差异;瞳孔直径的方差分析结果$[F(1,10)=18.83, P=0.001<0.05]$,表明两组被试的瞳孔直径具有显著性差异。

(七)访谈结果

本书在实验过后对使用 AR 技术进行学习的实验组被试进行了半结构

---

① 冯小燕. 促进学习投入的移动学习资源画面设计研究[D]. 天津：天津师范大学, 2018.

化访谈,访谈结果总结如下:27 名被试均表示 AR 的呈现方式受到他们的欢迎和喜爱。通过内容分析法,对访谈记录中的内容进行分析,统计出出现的高频词语,"有趣"被统计到 15 次,"生动直观"被统计到 11 次,"注意力"被统计到 8 次,"沉浸"被统计到 5 次。被试表示,在 AR 课堂中,教学内容能够被更直观地呈现出来,教学内容仿佛"活了"一样,就呈现在眼前,他们不用过多地付出努力,就能在呈现出的画面中学习知识;通过 AR 技术呈现的教学内容也很生动有趣,激发他们的学习兴趣。被试表示,与传统课堂相比,AR 课堂以一种全新的方式呈现内容,他们不再是被动的接受者,而是真切地参与到课堂互动中,既能适当地掌握学习的节奏,又能实现与学习内容的互动,他们觉得课堂变得鲜活了,有趣了,觉得时间过得很快。被试还表示,使用 AR 技术能使他们在课堂中的注意力更集中,以往课堂使他们觉得枯燥乏味,甚至当课堂进行到一定阶段时产生无法集中注意力的情况,而 AR 课堂很好地解决了这一问题,使他们能够始终保持足够的注意力去学习知识。

综上所述,访谈内容体现出 AR 教学能够生动直观地展现教学内容,使被试能够更轻松地掌握学习内容;能够激发被试的学习兴趣,同时吸引被试的注意力,使被试能够将有限的认知资源投入到有效的加工中去,并与课堂实现深度互动。被试对 AR 技术有较强的使用意愿,对 AR 课堂评价积极。

五、结果讨论

本实验采用了对照实验的方法,实验组采用基于智慧化呈现方式的认知负荷优化控制策略而设计的 AR 课堂,对照组采用传统的教学课堂,教学过程中对具有代表性的被试进行了眼球运动的追踪,教学过后对两组被试的学习动机、学习成绩、认知负荷以及它们之间的相关关系进行了统计计算,最后又对被试进行了访谈以了解被试对 AR 课堂的态度和感受。经过数据分析,得出以下结论:(1)通过 AR 技术进行学习的被试的学习动机比使用 AR 之前得到了显著提高,且该被试的后测动机显著高于未使用 AR 技术进行学习的被试的学习动机,该结论表明,使用 AR 技术对教学内容进行呈现,能够提高被试的学习动机,而学习动机是影响关联认知负荷的重要因素之一。根据两组被试的总认知负荷后测数据结果,实验组为 13.22,对照组为 18.72,两组数据虽然具有显著性差异,但在平均数值上差异不算大。结合动机数据、认知负荷数据和访谈内容,笔者认为产生该结果的原因可能是采用 AR 的呈现方式,增加了被试的关联认知负荷,因此造成认知负荷的总值减少,差距并不大,三种数据也能够相互佐证。因此,采用 AR 的呈现方式进行教学,能够在增加学习者的关联认知负荷同时减少总认知负荷,对认知负荷起到了优化控制作用。(2)通过 AR 技术进行学习的被试后测成绩显著高于未使用 AR 技术进行学习的被试,该项研究结论表明,AR 能够提高被试的学习效率,使被试取得更好的学习成绩。(3)眼动数据结果显示使用 AR 技术进行学习的被试与未使用 AR 技术进行学习的被试在总注视时间与瞳孔直径上存在显著性差异,使用 AR 的被试总注视时间少于对照组被试,瞳孔直径小于对照组被试。而在注视点平均持续时间方面,虽然使用 AR 技术进行学习的被试注视点平均持续时间少于未使用 AR 技术进行学习的被试,但是两组被试的数据之间不存在显著性的差异。根据过往的研究结果,总注视时长能够表明被试对学习内容的加工程度,在使用 AR 技术时,被试对呈现内容的总注视时长更短,是因为当前采用 AR 呈现方式进行内容呈现,能够使学习内容更加清晰,学习资料更具有辨识度,学习者在对知识进行加工时,能够减少无效的认知资源消耗,减少无效的认知负荷,同时,又能增强学习的兴趣,增加其主动性,从而提高了学习效果,该项指标数据也与后测学习成绩的数据统计结果相互佐证。通常来说,学习材料越难,学习任务的难度越大,越容易造成学习者的瞳孔直径变大。学习者的瞳孔眼动数据表明,使用 AR 技术学习的被试瞳孔直径显著小于未使用 AR 技术进行学习的被试,结合访谈结果可知,AR 技术呈现学习材料,能够在一定程度上降低学习材料的难度和学习任务的难度;另一方面,瞳孔直径缩小也在一定程度上代表了被试学习更加积极,学习兴趣更大,这个结果也在一定程度上与学习动机差异相符。使用 AR 技术进行学习的被试注视点平均时长小于未使用 AR 技术进行学习的被试,但差异不显著,结合访谈内容可知造成这一结果的原因可能是实验组被试更专注于通过 AR 技术呈现的学习材料,更有意愿主动进行加工,但对照组使用传统方式呈现的学习材料难度更大,因此造成了两组被试之间的数据差异不显著。

综上所述,本书认为,实验结果最终可以佐证两个结论:第一,采用 AR 技术进行学习内容呈现的认知负荷优化控制策略能够在降低无效认知负荷和总认知负荷上起到作用,该策略具有有效性;第二,使用 AR 技术进行学习内容的呈现,能够通过提高学习者学习动机的途径增加学习者的关联认知负荷,因此能够佐证在智慧学习环境下,通过使用智能技术和设备增强学习者的学习动机是有效的认知负荷优化控制策略。

第五节　案例四:智慧化教学策略 对学习者认知负荷的影响

教学策略因素被认为是在智慧学习环境下影响学习者认知负荷的因素之一,前序章节根据该因素提出要利用智慧学习环境中的技术设备合理化地选择教学策略,并在课堂中适时地配合即时反馈,与此同时改变传统教师讲授为主导的课堂结构,给予学习者适当的控制权。本实验将结合上述三条认知负荷的优化控制策略进行教学设计,并采用对照实验的方式验证基于教学策略因素的认知负荷优化控制策略的有效性。

一、研究目的

探究引入基于教学策略因素的认知负荷优化控制策略的课堂教学与不使用相关优化控制策略的课堂教学对学习者认知负荷影响的差异,从而验证上述认知负荷优化控制策略的有效性。

二、技术环境

实验四在"畅言智慧课堂"环境下进行,在整个智慧课堂的实践中采用了多种教学策略以构成一个完整的智慧教学设计,其应用了在线交互系统、即时反馈系统、AR 技术、游戏化教学软件、精准推送功能以及智慧化评价报告。

三、实验方法

(一)实验设计

本实验将被试分为实验组和对照组。研究基于教学策略影响因素中的三项认知负荷优化控制策略,并将这三条优化控制策略合并使用,设计出了一种智慧课堂教学模式,实验组即使用这个模式进行具体的教学,而对照组则采用未经过系统地依据认知负荷优化控制策略进行设计的教学。教学过后对两组被试进行保持成绩的测试、迁移成绩的测试、认知负荷问卷测量以及半结构化访谈。

1. 教学内容

本实验的实验组和对照组采用相同的教学内容,即人民教育出版社出版、教育部 2013 年审定的八年级上《地理》第二章"中国的自然环境"中的第一节"地形与地势"作为教学案例

2. 智慧课堂教学模式设计

本书设计的智慧课堂教学模式的智慧性首先体现在每个环节所选择的教学策略是根据具体的教学内容进行的合理化选择,例如本实验中在讲授与实际生活密切相关的地形知识时,使用了 AR 技术呈现不同的地形,而且进行手绘地形地势的时候采用了合作学习的方式;其次在适当的教学环节应用了即时反馈功能,主要是被试可以在不打断课堂教学的前提下,随时使用系统进行提问,教师会进行即时的解答。此外,在完成练习时,教师也会根据系统提供的教育大数据,有针对性地对错误较为典型的习题进行讲解;在课前自主预习和合作学习的过程中,学习者有充分的自主权去安排学习内

容的顺序,也可以根据自身的情况对欠缺的内容进行反复的学习,因此该智慧课堂教学模式既运用了智慧学习环境下的智慧设备又充分体现了基于教学策略因素的认知负荷优化控制策略。具体教学模式设计如图7-9所示。图中展示出了具体的教学设计以及根据教学设计所采用的技术工具和学习方式,实验组的课程将依据此智慧教学模式并结合具体的教学内容进行教学。

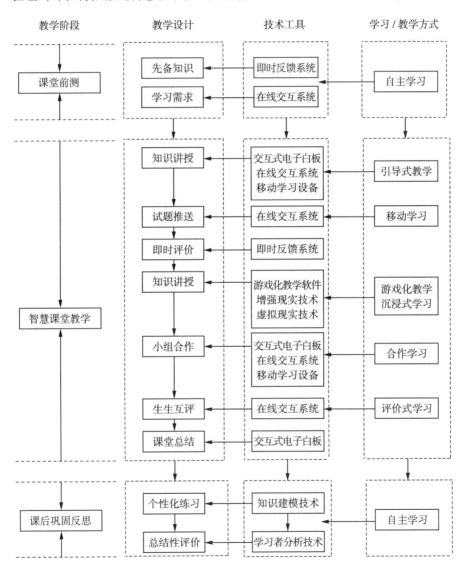

图7-9　智慧课堂教学模式设计

3. 教学模式与教学流程

为了清晰直观地展示实验组与对照组在教学流程过程中的异同,基于图 7-9 的智慧课堂教学模式的具体教学流程如表 7-23 所示。

表 7-23　实验组与对照组具体教学流程

实验组	对照组
一、课前	一、课前
1. 教师上传关于"地形与地势"的预习材料至智慧学习平台,供学生自行预习,此时采用的是自主学习的方式,被试可以自主控制学习进度并与同学和教师在线交流疑问和兴趣点。 2. 正式上课前,对学生先备知识进行前测,为后续教学设计做基础。	1. 被试进行自主预习。
二、课中	二、课中
1. 利用图片与视频资源对"地形""地势"的基本概念进行讲授,被试可以通过互动系统,在不打扰课堂的情况下,随时向教师提问,教师进行即时解答。 2. 对讲授的新知识点进行即时的测试,再根据测试结果,安排下一步教学。 3. 利用 AR 技术,为被试直观展现"地形""地势",被试进行学习。 4. 采用游戏化竞赛排名的方式,对知识点进行巩固练习,被试完成练习。 5. 为避免被试进入学习倦怠期,采取分组合作学习的方式,学生动手绘制地形图,加深对知识的理解,小组合作的绘图作品通过互动云平台传输到教师的终端,同学间可以相互点评、提问。 6. 教师对本节课重点进行总结。	1. 教师进行本堂课的课程导入。 2. 讲授基本概念知识。 3. 播放教学视频。 4. 进行课堂练习。 5. 课堂小结。
三、课后	三、课后
1. 智慧课堂平台根据每位被试课堂答题的准确率和耗时,推送个性化的学习资料和练习题,再次进行巩固,被试完成习题。 2. 向被试提供总结性评价报告。	1. 完成课后作业。

（二）被试

本书选择 C 市 S 中学七年级的 45 名学生作为被试,其中男生 25 人,女生 20 人,平均年龄 13. 31 岁。将被试随机分为实验组和对照组,其中实验组 21 人,对照组 24 人。本实验的课堂教学内容对于被试来说是全新知识。

（三）实验材料

本实验的实验材料主要包括先备知识测试题、后测试卷(保持成绩测试题、迁移成绩测试题)、认知负荷测量问卷、访谈提纲。

1. 先备知识测试题

先备知识测试题是用来测量被试对于实验中使用的教学内容的先备知识是否处在同一水平,避免因被试先备知识水平差异对实验结果产生影响。先备知识测试题由一位中学地理教师编制,另外两位中学地理教师审定,以保证试题的有效性,最终共确定 20 道单选题,每题 5 分,试卷的总分是 100 分,得分越高,代表先备知识水平越高。

2. 后测试卷

后测试卷旨在测量被试的学习效果,包括保持成绩测试题和迁移成绩测试题。保持成绩测试题主要考查学习者对知识的记忆,为了保证实验的准确性,本书采用的后测保持成绩测试题与先备知识测试题保持一致。迁移成绩测试题主要考查学习者对知识的整合以及灵活运用能力,迁移成绩测试题也是由一位中学地理教师编制,另外两位中学地理教师审定,以保证试题的有效性,迁移成绩试题包含 20 个单选题和填空混合题,每题 5 分,共 100 分。

3. 认知负荷测量问卷

认知负荷测量问卷在前述章节中已经详细介绍过,采用的是 3 个试题,9 级量表法,在此不再赘述。

4. 访谈提纲

访谈的主要目的在于作为前序研究结果的补充,用以了解优化控制策略在实验中给学习者带来的具体体验及作用。访谈提纲包括以下问题:(1)你觉得这节课的教学模式设计如何,为什么?(2)你的学习体验怎么样?

(四)实验流程

具体实验流程如图 7-10 所示,整个实验持续 50—60 分钟。

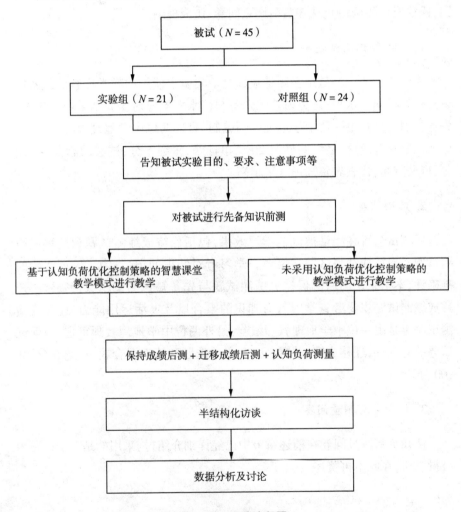

图 7-10　实验流程图

四、数据分析

本书利用 SPSS 22.0 对数据进行管理与分析。

(一)先备知识数据统计

在传授新知识之前,对两组被试进行先备知识的测试,在对两组数据进行方差分析之前,先进行了方差同质性检验,$P=0.47>0.05$,方差具有齐性,可以进行方差分析。经统计两组被试的先备知识成绩和方差分析结果如表7-24 所示。

表7-24　先备知识测试数据统计

	均值	标准差	F	P
实验组	14.52	11.93	0.11	0.74
对照组	15.63	9.92		

由表7-24 可知,实验组与对照组的被试先备知识水平不存在显著差异 $[F(1,43)=0.11,P=0.74>0.05]$,不会对后测产生影响。

(二)保持成绩数据统计

首先对实验组和对照组的被试的后测保持成绩进行方差同质性检验,$P=0.10>0.05$,满足方差齐性要求,适合进行方差分析,方差分析结果如表7-25 所示。从数据统计结果可以看出 $[F(1,43)=15.54,P=0.000<0.05]$,两组被试的后测保持成绩存在显著性差异。

表7-25　保持成绩数据统计

	均值	标准差	F	P
实验组	79.76	15.61	15.54	0.000
对照组	60.21	17.41		

（三）迁移成绩数据统计

首先对实验组和对照组的被试的后测迁移成绩进行方差同质性检验，$P=0.59>0.05$，满足方差齐性要求，适合进行方差分析，方差分析结果如表7-26所示。从数据统计结果可以看出$[F(1,43)=18.47, P=0.000<0.05]$，两组被试的后测迁移成绩存在显著性差异。

表7-26　迁移成绩数据统计

	均值	标准差	F	P
实验组	58.33	15.36	18.47	0.000
对照组	36.88	17.80		

（四）认知负荷数据统计

首先对认知负荷测量问卷的信度进行检验，其 $Cronbach's\ \alpha=0.85$，说明问卷具有较高的可靠性。对实验组和对照组被试的认知负荷进行方差同质性检验，$P=0.08>0.05$，满足方差齐性要求，适合进行方差分析，方差分析结果如表7-27所示。从数据统计结果可以看出$[F(1,43)=64.01, P=0.000<0.05]$，两组被试的总的认知负荷存在显著性差异。

表7-27　认知负荷数据统计

	均值	标准差	F	P
实验组	8.62	2.75	64.01	0.000
对照组	17.29	4.25		

（五）后测成绩与认知负荷的相关性

为了探究后测保持成绩和迁移成绩与认知负荷间的相互关系，本书采用皮尔森相关系数法对后测保持成绩和后测迁移成绩与总认知负荷进行了相关性检验，结果如表7-28所示。后测保持成绩与后测迁移成绩均与被试总的认知负荷在0.01的水平上存在显著相关关系，后测保持成绩与总认知负荷呈负相关关系,相关性系数为-0.78,后测迁移成绩与总认知负荷亦呈负相关关系,相关性系数为-0.86。

表7-28　后测保持和后测迁移成绩与认知负荷间的相关性分析

	后测保持成绩	后测迁移成绩
总认知负荷	-0.78**	-0.86**

注:** 表示在0.01水平上显著相关。

(六)访谈结果

为了进一步了解被试在使用不同教学模式时的学习体验和学习感受,本书采用了半结构化访谈方式,针对访谈提纲中的问题,两个组别的被试访谈结果主要总结如下:

1. 实验组访谈结果

实验组中的21名被试有16名被试对当前所使用的教学模式表示满意。首先,智慧教学模式能综合运用多种不同方式进行教学,例如本实验中在课前预习时使用的是自主学习的模式,这样学习者能够自主控制学习的顺序和学习的时间,此外,在困惑之处又能得到教师即时的解答,这种教学模式使被试在正式的教学之前已经对课程的内容有了较好的了解并掌握了基础知识,因此在正式的学习过程中被试表示感到相对轻松。正式教学的过程中,又利用智慧学习环境中的技术采用了游戏化教学以及合作学习的模式,被试认为游戏化教学激发了他们的学习兴趣,能让他们更加投入课堂,感觉知识在不知不觉中被识记;合作学习的过程中,被试表示他们与其他学习同伴的交互变得更加频繁,他们能够从学习同伴处获得一些补充知识,并从学习同伴的评价中清楚自己的薄弱环节,这比他们自己自行探究效率更高。其次,被试认为即时反馈的模式应用对他们来说很有效果,他们的困惑能够得到精准且即时的解答,这使得学习者不用过多地付出努力去反复思考自己的疑惑之处,使学习变得相对轻松。所以,从总体上来说,实验组的被试对智慧课堂教学模式表示满意和有效。

2. 对照组访谈结果

相较于实验组,对照组的被试对教学模式和教学过程的评价相对较低。15 名被试表示教学过程较为传统,教师讲解占据了大部分课堂时间,自己没有自主权,完全在跟随教师的节奏进行被动式的学习,时常会出现注意力分散或跟不上节奏的情况。此外,由于教学模式相对传统,智慧学习环境中的设备和功能也没有被很好地利用,虽然是在智慧学习环境中完成课堂教学,但觉得整体的状态与传统课堂差别不大,对学习效率的提高没有帮助。

五、结果讨论

本实验研究基于教学策略因素中的利用智慧学习环境中的技术设备合理化地选择教学策略、提供即时反馈、给予学习者适当的控制权的认知负荷优化控制策略进行了教学设计,并开发了智慧课堂教学模式应用于实验组,对照组则采用传统的教学模式。实验过后测量两组被试在学习效果和认知负荷方面是否存在差异。研究结果表明:(1)实验组的被试后测保持成绩显著高于对照组;(2)实验组的被试后测迁移成绩明显高于对照组;(3)实验组被试的总认知负荷显著低于对照组;(4)被试的后测保持成绩和后测迁移成绩与总认知负荷均有显著的相关性。

结合实验后的访谈与数据统计结果,本书认为基于教学策略因素的认知负荷优化控制策略能在智慧学习环境中有效地降低学习者的总认知负荷,提高学习效率。根据访谈结果可知,基于教学策略因素的智慧学习环境下的认知负荷优化控制策略的有效性体现在:(1)依据具体的教学内容并结合智慧学习环境下的技术设备进行教学设计能够使课堂更具有针对性,其中的自主学习给予了学习者充分的自主控制权,能够使学习者反复加工自己不熟悉的知识点直到完全习得;课前的预习有教师的即时解答环节,这能给学习者补充先备知识,减少后续学习中学习者的认知负荷;适当的游戏化教学能够激发学习者的学习兴趣,合作学习能够增加学习者之间的交互,形成学习同伴间的知识点相互补充,从而降低学习者的认知负荷。(2)在学习的过程中,即时反馈功能能为学习者即时解答困惑,让学习者省去自行加工的过程,降低认知负荷;同时,也能避免学习者过多停留在困惑的地方,造成注意力分散,使学习者能紧跟教学节奏,集中注意力,提高学习效率。

第六节　案例五:基于眼动分析法的智慧学习环境下的操作交互对学习者认知负荷的影响

　　操作交互在前序章节已被证实是智慧学习环境下影响学习者认知负荷的因素之一,认知负荷的优化控制章节提出从操作交互方面入手的策略有提高软硬件操作效率和为学习者创建与学习内容的交互。由于提高软硬件的操作效率与智慧学习环境中的网速、设备等客观因素有关,与教育教学过程关联不大,因此本书不对该因素进行验证,而选择与教学过程相关的策略进行有效性的验证,即采用对照实验的方法,实验组的被试可以利用虚拟实验室与学习内容进行操作交互,而对照组的被试不能与学习内容进行操作交互。实验过程中将利用眼动追踪技术记录被试在学习过程中眼球的运动情况,使实验的结果更加准确。

一、技术环境

　　本实验在"畅言智慧课堂"环境下进行,配合采用了虚拟实验室作为重要的教学应用平台。虚拟实验是利用多媒体、仿真、虚拟实验技术在计算机上对真实实验中的仪器以及各操作环节进行的模拟,其目的是能够为学习者提供身临其境、与真实实验环境高度相似的实验体验,并以此达到良好的实验效果。目前,有多种虚拟实验室平台或软件被应用于教育教学领域。本书选用的是某物理虚拟实验室,该实验室支持多种终端的使用,例如手机、平板电脑、计算机、交互式电子白板等,因此安装和操作都具有便捷性,此外,其实验界面设计专门针对物理实验环境,画面清晰逼真,具有良好的交互性。学习者可以在使用该平台时,对平台中提供的虚拟实验器材进行任意的组装和实验设计,能够满足学习者个性化的学习需求。物理虚拟实验室能够提供包括初高中物理知识所涵盖的所有知识模块,分别是电学、力学、热学、光学、声学和电磁学,每个知识模块都有对应的操作实验。

在操作过程中,学习者使用个人移动终端通过点击实验器材并对其进行拖动,在工作区建立起自己设计的实验电路,器材与器材之间有自动的吸附功能和音效,以提示学习者连接成功,如果设计错误将不会出现实验现象,学习者可以在软件中与学习内容进行充分的交互,同时软件内还设置了操作演示视频,学习者也可以通过观看操作演示视频进行学习。与此同时,配合智慧学习环境中的其他相关功能,进行智慧教学。

二、基于虚拟实验室的教学活动案例设计

虚拟实验室是采用计算机模拟技术构建虚拟实验平台,能够关注到学生的个性化需求,注重实验的过程,具有交互性、虚拟性、安全性、开放性的特征。① 本实验选用虚拟实验室作为操作交互的平台,并选择人教版九年级《物理》第十五章"电流与电路"中的第三节"串联与并联"作为教学内容进行实践。因为学习内容是九年级的内容,对于本实验中的被试来讲是全新的内容,因此在讲解串联与并联时首先向被试科普了电路的相关知识,接着向被试讲解串联电路、并联电路各自的含义与特征,它们的连接特点以及电路图的绘制。电学实验需要学生自主进行电路的设计与连接,每名被试在设计电路时所需要的器材也会有所不同,在实际操作时有很大的自由度。因此,为每位被试提供可以进行实际操作的平台能获得更好的学习效果,并实现个性化的学习。具体流程如表 7-29 所示。

表 7-29 虚拟实验室课堂学习活动流程设计

学习环节	教师活动	学生活动	设计意图
基础知识科普 5 分钟	演示 PPT 并向学习者介绍电流、电路、电荷以及电路元件符号等相关基础知识。	学习并记忆教师讲解的内容。	因为本堂课对学习者而言是全新的课程,在学习串联和并联的内容之前,涉及基础概念,学习者了解到这些基础概念之后,才能更好地学习本节课的内容。

---

① 李丽芳. 虚拟实验在初中物理实验教学中的应用研究[D]. 南昌:南昌大学, 2017.

续表

学习环节	教师活动	学生活动	设计意图
课堂导入 8分钟	教师向学生提问,并让学生自行利用一个电池组和两个灯泡设计出电路图,分析几位学生的电路图并引出"串联与并联"的相关课程内容。	思考教师提出的问题,设计电路图,并跟上教师的节奏理解课程。	通过思考与动手设计,对"串联与并联"形成初步的知识基础。
新知讲授 10分钟	结合PPT课件,向学生初步讲解串联电路、并联电路各自的概念、特征以及如何简单地连接串联电路与并联电路。	听讲并记忆相关学习知识。	使学习者对本实验课内容和相关概念有系统的了解。
NB虚拟 实验室练习 10分钟	安排学生在NB平台上进行虚拟实验练习,指导学生使用NB平台进行串联电路和并联电路的设计,维持课堂的正常秩序。	使用NB虚拟实验室平台进行串联电路与并联电路的设计,并观察和记录实验现象。	使学习者能够通过自主动手,实现与学习内容的深度交互,同时,使新颖的智慧教学方式激发学习者的学习动机和兴趣,提高学习效率。
互评与分享 10分钟	教师通过拍照上传系统,将典型的电路图上传并在大屏幕上展示,教师对其进行点评,学习同伴间进行互评和交流。	分享学习结果,聆听教师点评,与学习同伴建立生生互评。	增加师生、生生间的深度互动,对学习内容形成深度的理解并查缺补漏。
总结与拓展 2分钟	对本节课重点内容进行梳理和总结,布置课后拓展内容。	聆听总结。	对重点知识进行巩固,课后拓展知识面,培养对课程内容的兴趣。

　　以上则为整个基于NB虚拟实验室的教学案例的设计流程,具体实验的实施按照上述流程展开。

三、基于虚拟实验室的教学活动的实施与效果分析

基于 NB 虚拟实验室的教学案例设计,本书展开了具体的实施活动。为了探究基于操作交互中提高学习者与学习内容的交互的认知负荷优化控制策略是否具有有效性,本书采用对照实验的方法进行探究,实验组采用上述基于 NB 虚拟实验室的教学设计进行教学,对照组采用传统的方式进行教学,对照组的学习者通过观看实验操作的视频进行学习,观看过程中可以操作控制视频的暂停与播放、快进等,但无法与学习内容进行交互。此外,两个组别的学习者水平、教师、教学内容要保持一致,以此保证实验结果的准确性。在教学结束后,分别对实验组和对照组的学生进行学习成绩的后测、认知负荷主观问卷的测量和访谈。

(一)实验对象

本书以 C 市 S 中学八年级的 51 名学生作为实验对象,并随机分为实验组和对照组,其中实验组共有 26 名被试,对照组共有 25 名被试。实验组被试平均年龄 13.46 岁,男生 11 人,女生 15 人;对照组被试平均年龄 13.44 岁,男生 15 人,女生 10 人。整体而言,实验组与对照组的被试在性别和年龄的构成上较为接近。同时,为了排除因被试先备知识水平不同对实验结果造成的影响,本书除了使用九年级的教学内容外,还对实验组和对照组的被试本学期近两次月考综合成绩进行了方差分析,发现两个组别的被试先备知识水平不存在显著差异,说明被试初始学习水平大体一致,不会对后续实验结果产生影响。

(二)实验工具

本实验所使用的实验工具有眼动仪,前、后测试卷,认知负荷测量问卷,访谈提纲。

1. 眼动仪

为了探究学习者在采用 NB 虚拟实验室平台与学习内容产生交互的学习方式,与传统不与学习内容产生交互的学习方式进行学习时,学习者在认

知负荷方面的差异,本书在实验过程中采用了眼动追踪技术探究学习者的眼球运动情况。眼动仪的型号、使用方式与实验三相同,在此不再赘述。值得强调的是,由于眼动仪数量和价格的限制,本书在选择佩戴眼动仪的被试时,实验组和对照组分别选择 6 名被试,均根据近两次月考综合成绩选择 2 名成绩优异的学习者、2 名学习成绩中等的学习者和 2 名学习成绩较差的学习者,以保证眼动数据的准确性。

2. 前、后测试卷

前测试卷主要是考察学习者对当前教学内容的先备知识水平,避免因学习者先备知识水平的差异对实验结果产生影响。后测试卷旨在测量学习者通过学习过后,对串联与并联相关知识的记忆、理解、整合及运用情况。本书中所使用前、后测试卷是同一份试卷,是由一名初中物理教师编制,另外两位初中物理教师审定,以保证试题的有效性。最终确定后测试卷包含 5 道单选题、5 道填空题和 2 道作图题,其中:单选题每题 11 分,共计 55 分;填空题每空 5 分,共计 25 分;作图题每题 10 分,共计 20 分,试卷总分 100 分,得分越高表明先备知识水平越高,学习效果越好。

3. 认知负荷测量问卷

认知负荷测量问卷在前述章节中已经详细介绍过,采用的是 3 个试题,9 级量表法,在此不再赘述。

4. 访谈提纲

访谈的设计主要是为了了解采用 NB 虚拟实验室平台进行学习的被试在学习过程中的真实感受,并作为其他数据统计结果形成原因的支撑。本书设计的访谈提纲包括以下问题:(1)你认为利用虚拟实验室平台进行学习效果如何? (2)在利用虚拟实验室进行操作时,你有怎样的体验和感受? (3)和不采用虚拟实验室的教学方式相比,你认为使用虚拟实验室进行学习是否提高了学习效率?

(三)实验流程

本实验具体的实验流程如图 7-11 所示。

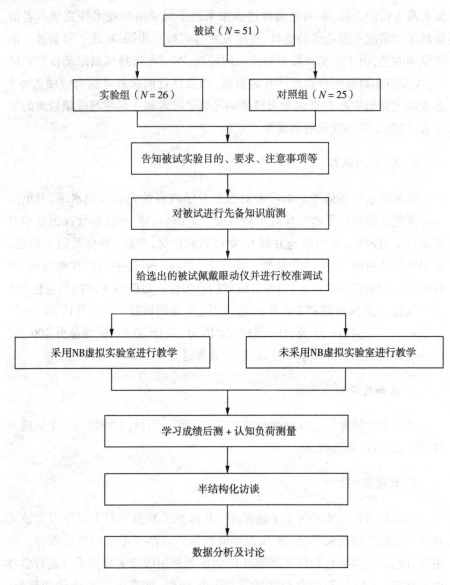

图 7-11　实验五实验流程

四、数据分析

本书利用 SPSS 22.0 对数据进行管理与分析。

（一）先备知识数据统计

在传授新知识之前,对两组被试进行先备知识的测试,在对两组数据进行方差分析之前,先进行了方差同质性检验,$P=0.11>0.05$,方差具有齐性,可以进行方差分析。经统计两组被试的先备知识成绩和方差分析结果如表7-30所示。

表7-30　先备知识测试数据统计

	均值	标准差	F	P
实验组	14.31	7.79	0.36	0.55
对照组	15.84	10.37		

由表7-30可知,实验组与对照组的被试先备知识水平不存在显著差异$[F(1,49)=0.36, P=0.55>0.05]$,不会对后测产生影响。

（二）后测成绩数据统计

首先对实验组和对照组的被试后测成绩进行方差同质性检验,$P=0.68>0.05$,满足方差齐性要求,适合进行方差分析,方差分析结果如表7-31所示。从数据统计结果可以看出$[F(1,49)=266.60,P=0.000<0.05]$,两组被试的后测保持成绩存在显著性差异。

表7-31　成绩数据统计

	均值	标准差	F	P
实验组	88.89	8.01	266.60	0.000
对照组	52.80	7.92		

（三）认知负荷问卷数据统计

首先对认知负荷测量问卷的信度进行检验,其 *Cronbach's* $\alpha=0.94$,说明问卷具有较高的可靠性。对实验组和对照组的被试的认知负荷进行方差同质性检验,$P=0.98>0.05$,满足方差齐性要求,适合进行方差分析,方差分析结果如表 7-32 所示。从数据统计结果可以看出 $[F(1,49)=165.49,P=0.000<0.05]$ ，两组被试总的认知负荷存在显著性差异。

表 7-32　认知负荷数据统计

	均值	标准差	F	P
实验组	13.23	1.58	165.49	0.000
对照组	18.68	1.44		

（四）后测成绩与认知负荷的相关性

为了探究后测成绩与认知负荷间的相互关系，本书采用皮尔森相关系数法分别对后测成绩和认知负荷进行了相关性检验，结果如表 7-33 所示。后测成绩与被试总的认知负荷在 0.01 的水平上存在显著负向相关关系，相关性系数为-0.79。

表 7-33　后测成绩与认知负荷的相关性分析结果

	后测成绩
总认知负荷	-0.79**

注：** 表示在 0.01 水平上显著相关。

（五）眼动数据分析

本实验中选用的眼动指标仍然是总注视时间、注视点平均持续时间和瞳孔直径。由于前序章节已经对相关指标进行了阐释，在此不再赘述。对实验组与对照组被试各项眼动数据首先分别进行了方差同质性检验，结果显示两组被试的总注视时间、注视点平均持续时间和瞳孔直径的方差同质性检验结果分别是 0.095、0.852 和 0.145，从数据结果可以看出，均大于 0.05，因此符合方差齐性的要求，可以进行方差分析。总注视时间的方差分析结果 $[F(1,10)=5.85,P=0.036<0.05]$ ，表明两组被试的总注视时间具有显著性差异；注视点平均持续时长的方差分析结果 $[F(1,10)=1.99,P=0.189>0.05]$ ，表明两组被试的注视点平均持续时长不具有显著性差异；瞳孔直径的方差分析结果 $[F(1,10)=27.72,\ P=0.000<0.05]$，表明两组被试的瞳孔直径具有显著性差异。具体数据统计结果如表 7-34 所示。

表 7-34　实验组与对照组眼动数据分析(M±SD)

	总注视时间（秒）	注视点平均持续时间(毫秒)	瞳孔直径(毫米)
实验组	385.59(124.95)	237.06(32.32)	3.85(0.31)
对照组	245.06(68.26)	209.96(34.23)	3.09(0.18)

（六）访谈结果

本书在实验过后对使用虚拟实验室平台进行学习的实验组被试进行了访谈,访谈结果总结如下:有 19 名被试均表示虚拟实验平台给他们带来了积极的体验。通过内容分析法,对访谈记录中的内容进行分析,统计出出现的高频词语,"真实"被统计到 12 次,"感兴趣"被统计到 12 次,"易操作"被统计到 7 次,"便捷"被统计到 5 次。被试表示,在使用虚拟实验室平台时,他们能够轻松地控制实验器材的使用,例如增加、删除、移动等等行为,操作简便;被试也表示,在操作的过程中他们能够亲自动手做实验,这比观察教师单独进行实验或者观看教学视频更能令他们识记知识,并且通过自己亲自动手进行实验能够更直观地观测到实验结果,他们也会对实验结果产生更加深刻的记忆;此外,使用虚拟实验室平台使他们对学习内容和学习过程都产生了更浓厚的兴趣,能够促使他们更加主动地投入认知资源去学习。

综上所述,访谈内容体现出使用虚拟实验室平台进行教学具有较为积极的作用,它能使学习者更直接地与学习内容产生交互,从而让学习者更加直观地亲自观察到实验现象,对整个学习形成更深刻的记忆,同时深度参与到实验中也能够增加学习者的学习兴趣,激发他们主动学习。

五、结果讨论

本实验采用了对照实验的方法,实验组采用虚拟实验室平台,使学习者能够与学习内容产生交互;对照组未使用虚拟实验室平台,对照组的学习者可以控制观看实验视频的进度,可以进行开始、暂停、快进、回看等操作,但是不能与学习内容进行交互。与此同时,在教学过程中对具有代表性的被试进行了眼球运动的追踪,教学过后对两组被试的后测学习成绩、认知负荷以及它们之间的相关关系进行了数据统计,最后又对被试进行了访谈以了解被试对利用虚拟实验室平台进行交互的态度和感受。经过数据分析得出以下结论:(1)利用虚拟实验室平台与学习内容进行操作交互的学习者后测成绩显著高于不能与学习内容进行操作交互的学习者,该结论表明,使用例如虚拟实验室平台使学习者与学习内容直接交互,能够提高学习效果,而学习效果的高低是认知负荷的一个客观评价指标,学习效果越好,表明学习者在学习时产生的总的认知负荷越少,内容越容易习得。此外,本书中得出的该结果也与前述学者的研究发现相符合,在此不再赘述。(2)利用虚拟实验室平台与学习内容进行操作交互的学习者认知负荷显著低于未使用平台不能与学习内容进行操作交互的学习者,该项研究结论表明,允许学习者与学习内容进行交互,能够降低学习者总的认知负荷,根据访谈内容和以往学者的研究,产生该研究结果的原因在于学习者与学习内容产生交互时,激发了其学习兴趣和学习动机,因此在此过程中,学习者主动投入了认知资源去进行图式的构建,此时产生的认知负荷应为关联认知负荷,因此在与内容交互的过程中,可能产生较多的关联认知负荷。此外,在与内容交互时,实验现象能够更直观地呈现在学习者面前,使学习者免去了对实验现象进行想象或者努力将其保存在记忆中的情况,因此能够释放一定的记忆空间,降低学习者的外部认知负荷。虚拟平台中提供的直观而生动的实验仪器和设备,也降低了学习材料的复杂性,因此在一定程度上降低了学习者的内部认知负荷,综上所述,学习者的总认知负荷能够得到很好的优化控制。(3)本书还利用了眼动数据对学习者学习过程中的眼球运动进行了记录,该部分数据可以作为解释说明学习者在学习过程中对学习的投入和认知的情况。眼动数据显示使用虚拟实验室平台与学习内容产生交互的学习者与未使用虚拟实验室平台进行学习的学习者在总注视时间与瞳孔直径上存在显著性差异。使用虚拟实验室平台,能够与学习内容产生交互的学习者总注视时间更短,瞳孔直径更小,而在注视点平均持续时间方面,虽然使用虚拟实验室平台的学习者注视点平均持续时间少于以传统方式进行学习的学习者,但是两组学习者的数据之间不存在显著性的差异。使用虚拟实验室平台的学习者总注视时长短于使用传统方式进行学习的学习者,该结果能够说明使用虚拟实验室平台的学习者在有机会与学习内容进行交互的情况下,学习更加的简单便捷,在增加交互的过程中,也能够节省一部分认知资源,更加直接地习得内容,也能够提高被试主动加工的意愿和学习兴趣,降低总的认知负荷。使用虚拟实验室平台的学习者瞳孔直径显著小于未使用的学习者,瞳孔直径更小说明学习者在学习的过程中产生了更少的无效认知负荷,瞳孔直径更小也说明了使用虚拟实验室平台进行学习时,学习者面对的学习材料难度较小或总的学习任务难度较小,这说明了与内容产生交互能够在一定程度上降低学习材料的难度,以减少认知负荷。然而,在学习者注视点平均持续时长方面,两组被试的数据结果不存在显著性差异,结合访谈相关内容和认知负荷数值的差异,可以得出造成这一结果的原因可能是使用虚拟实验室平台的学习者在与学习内容进行交互时,投入了相应的认知资源专注于自己感兴趣的学习内容,从而使两组数据不存在显著差异。

综上所述,本书认为,相关实验结果最终可以佐证以下结论:采用虚拟实验室平台为学习者提供与学习内容的操作交互的认知负荷优化控制策略,能够在优化控制认知负荷上起到积极作用,该策略具有有效性。

第七节　案例六:教育大数据
对学习者认知负荷的影响

教育大数据的记录与分析是智慧学习环境特有的功能,在智慧学习环境中,学习者的学习行为、课堂表现、成绩统计、设备管控等情况都能被清晰记录,而探究这些数据记录是否会通过影响学习者的学习动机从而间接影响认知负荷,促进学习者更加积极地投入到学习当中,是本实验的研究主题。

一、研究目的

本实验的主要目的是探究智慧学习环境中的教育大数据能否通过影响学习者的学习动机来间接优化学习者的关联认知负荷。

二、技术环境

本实验在"畅言智慧课堂"环境下进行,主要应用的是智慧学习环境中的教育大数据功能。数据的储存和分析使用的是配套的"畅言数据分析系统服务",教师登录网址即可查看学习者的数据记录情况。有关学习者数据分析包括两大模块,分别是"学习分析"和"学生管控"。

1. 学习分析

学习分析模块下包括"学情总览"和"学生个体表现",两个模块下具体包含的记录项目如表7-35所示。

表 7-35　学习分析模块包含数据

学习分析模块		
学情总览	日常表现排名	获得表扬次数
		作业得分率(%)
		作业提交率(%)
		作业完成平均时长(分钟)
	作业用时分析	作业完成平均时长(分钟)
		作业平均提交率
		作业完成时长(分钟)
		写作业时段分布
	学生数据汇总	观看微课数量
		观看微课时长
		参与互动次数
	学习行为分析	学习投入分析
	学习结果分析	学业成绩分析
		自主学习分析
		班级学情分析

续表

学习分析模块		
学生个体表现	学生画像	周学习指标
		周综合排名
		周作业成绩
		测评排名
		近 7 次测评得分及排名
	学习动机分析	学习动机指数
		学习参与指数
		困难解决指数
		学习成绩指数
		自主学习指数
		学习交流指数
	学习行为分析	学习投入分析
		学习习惯分析
		作业完成情况
	学习结果分析	随堂测验分析
		作业效率分析
		学习成绩分析
	课堂回顾	课堂回顾

2. 学生管控

学生管控主要监管设备和账号情况,主要包括监管总览、账号监管、设备监管、异常监管和应用监管五项,具体项目如表 7-36 所示。

表 7-36　学生管控模块包含数据

学生管控模块	
监管总览	用户违规次数概览
	应用使用概览
	用户活跃人数

续表

学生管控模块		
账号监管		最后登录时间
		最后登录 MAC 地址
		设备更新时间
		未上报天数
		操作
设备监管		设备监管
异常监管		设备型号
		事件名称
		未上报天数
		事件时间
		状态
应用监管		多媒体监管

三、研究对象

本实验的研究对象是我国东北地区某省会城市的 S 中学,七年级的一个平行班的学生。该班 31 名学生,其中男生 18 人,女生 13 人,平均年龄 12.45 岁。该班学生具有良好的智慧学习环境中学习的经验,能熟练操作智慧学习环境中的设备。

四、研究过程

(一)研究设计

本书选取初中七年级的数学课堂作为研究案例,进行为期 4 周的智慧课堂教学,课程均由同一名数学教师讲授。在研究开始前,对被试进行学习动机的前测,并告知被试,他们的学习数据将会被智慧学习环境中的系统记录,并形成排名,教师可以查看数据情况,并将会在每堂课上课前对上一节课的数据情况进行总结和展示。在4周的课程结束后,对被试进行学习动机的后测和访谈,明确学习者学习动机的前后变化以及对认知负荷的影响。

(二)研究工具

1. 动机测量量表

动机是影响关联认知负荷的重要因素,本书认为教育大数据的使用和呈现能够通过影响学习者的学习动机从而影响关联认知负荷。本实验对学习者的动机进行了前测和后测。本书中以前序章节提到的由学者 Ryan 及学者林立甲提出的动机测量量表为基础,针对研究的需要对其进行了改良,改良后的量表由两名教育技术学专家审定,以保证量表的有效性,赋值仍然采用的是李克特9点量表法,其中1为完全不符合,9为完全符合,学习动机为6个维度数值的总和,量表的具体内容如表7-37所示。

表 7-37　学习动机测量量表

题号	题项	维度
1	我认为,在整个4周的学习活动中我表现很好。	能力
2	由于教育大数据的呈现,完成这次学习任务使我更有动力。	压力
3	在这次学习中,我有一定的自主选择权并控制节奏的权力。	选择
4	我认为整个学习活动以及教育大数据的呈现对我有好处。	价值观
5	我认为这个学习活动很有趣。	兴趣
6	在这次学习活动中,我非常努力。	努力

2. 访谈提纲

本书将利用课程结束后的访谈,了解被试在学习过程中的感受和体验,作为形成研究结果的证据支撑。访谈提纲编制后,由两名教育技术学的专家对问题进行审定,以确保其有效性,最终确定访谈提纲包括三个问题:(1)得知你的课堂表现还有学习成绩等数据将被记录和进行排名时,会对你的学习过程产生什么样的影响?(2)相关学习数据的记录是否会对你的学习积极性产生影响?你会因为有学习数据的记录而更加努力和投入地去学习吗？（3）这些大数据是否使你的学习变得轻松？

（三）研究流程

本实验的总体研究流程如图 7-12 所示。

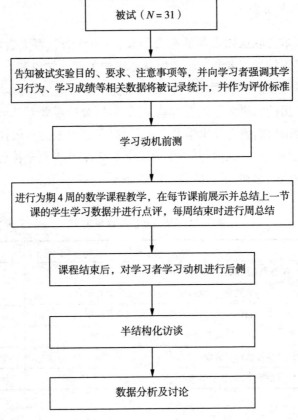

图 7-12　实验六实验流程图

五、数据分析

（一）学习动机前、后测数据统计

为了保证所使用的学习动机测量问卷的有效性，首先对动机前后测问卷进行了信度检验,前测问卷的信度系数 $Cronbach's\ \alpha = 0.78$,后测问卷的信度系数 $Cronbach's\ \alpha = 0.74$,均大于 0.7,表明问卷具有较高的可信度。对学习者动机前后测数据进行方差同质性检验,$P = 0.470 > 0.05$,方差具有齐性,可以进行方差检验,方差检验结果如表 7-38 所示。根据表 7-38,方差检验的结果为 $[F(1,29) = 420.23, P = 0.000 < 0.05]$,表明学习者学习动机的前后测存在显著性差异。

表 7-38　动机前后测方差分析

	均值	标准差	F	P
前测	23.35	3.01	420.23	0.000
后测	40.74	3.64		

(二)访谈结果分析

为了评估教育大数据对学习者学习动机的影响进而对学习者认知负荷的影响,本书对被试进行了访谈,以了解学习者对使用教育大数据的体验,访谈结果主要体现在以下几个方面:

1. 教育大数据的应用,促使学习者在学习过程中投入更多的精力和注意力。例如被试 CZH 表明:

"以前正常上课的时候,我容易溜号,因为课上同学多,也没有人注意到我,再加上我的自控力也比较差,所以就不怎么爱学习。但是现在智慧学习环境能记录我的一举一动了,老师还会在每节课展示我们在课堂中的表现数据,排名靠后会有点丢人,所以我会比以前认真。刚开始的时候可能还只是为了不让自己排在后面,但是后面逐渐形成了一种行为习惯了,就能持续下去,所以我觉得教育数据对我比较有积极的作用,也是一种督促作用吧,让我能够积极主动地去思考问题,跟上老师的节奏,不再像之前一样被动了。"

2. 教育大数据的应用,使学习者更加积极地参与到课堂互动。例如被试 CHL 表示:

"之前上课的时候我比较被动,老师讲什么或者布置什么任务我就听什么,我对参与到课堂中的积极性并不是很高,甚至有时候觉得有点无聊。但在智慧学习环境中学习时,互动的机会变多了,我也不知不觉地就能更加投入了,并且互动的数据也会被记录,互动得多,排名就靠前,还会得到奖励和表扬,所以我就会多参与到课堂中去。我每一次观看微课、完成练习或者与同伴和老师交流都有数据记录,我觉得很有意思,因此学习积极性就提高了。"

3. 教育大数据的应用,能促进学习者任务完成率和正确率的提高。例如被试 GKY 表示:

"之前在没有数据记录的时候,我的预习情况或者课后作业的质量不能马上得到答案,我也不知道做对了还是做错了。老师也不知道我做了还是没做,所以有的时候我就偷懒,干脆就不做了。但是现在不一样了,现在有记录了,不再像以前那样随意地应付了事了。"

4. 教育大数据的应用,使学习者感到学习变得轻松。例如被试 HYC 表示:

"有了我的学习数据以后,我觉得我的学习变得更轻松了,我能够根据数据给我的提示,比较主动地去思考问题,有时候就能把问题跟我之前学过的东西联系起来,学得也就更快了。我感觉主要是我的学习主动性提高了,以前学不会的东西,发现仔细思考思考,就会了。"

六、结果讨论

本实验进行了为期 4 周的数学课程教学,在教学开始前对学习者进行了学习动机的测试,了解学习者对数学课堂的学习动机大小。在开始教学前告知学习者其行为等数据将会被智慧学习环境中的系统记录。并在这 4 周的时间里,使用这些数据,让学习者了解自己的学习情况,同时也会有相应的排名。在课程结束后,再对学习者的学习动机进行一次测量,目的是探究学习者的学习动机前后有无变化。动机的前后测结果存在显著性差异,后测动机显著高于前测动机。此时,还不能判定是什么原因引起了学习者动机的前后变化,因此,本书采用了访谈法,探寻引起学习者动机变化的原因。经过对访谈文本的分析,研究发现,教育大数据的使用是引起学习者动机变化的关键所在。多数被访谈者均表示智慧学习环境中的教育大数据能够为他们提供学习中的数据和学习结果数据,这些数据对他们来说有两方面的作用:一方面为了使自己的排名不过于靠后,他们会在课堂中努力表现,以取得较好的排名,这使得他们能够比以前更加努力地去学习和互动;另一方面,智慧系统中提供的反馈,有时会使学习者感到被激励,这样他们就更有信心和兴趣去努力学习,因此学习动机提高了。访谈中学习者还表示,教育大数据能够通过提高他们学习的主动性来促使他们积极思考,而在积极思考的过程中,能将现有的学习内容与原有的记忆联系起来,学习似乎变得更轻松了,研究者认为该种现象是因为学习者主动进行了图式构建,现有的学习内容与原本储存在长时记忆中的图式形成了链接,增加了关联认知负荷,因此学习变得轻松了。过往的研究结果也表明动机因素是影响学习者关联认知负荷的重要因素之一,激发学习者的学习动机,能够有效地优化关联认知负荷,促进学习者的主动化的图式构建,提高学习效率。基于以上分析,本书认为,智慧学习环境下教育大数据的使用提高了学习动机,而学习动机的提高能够增加关联认知负荷,结合访谈内容,研究者认为使用教育大数据能够间接地优化认知负荷,因此该认知负荷优化控制策略具有有效性。

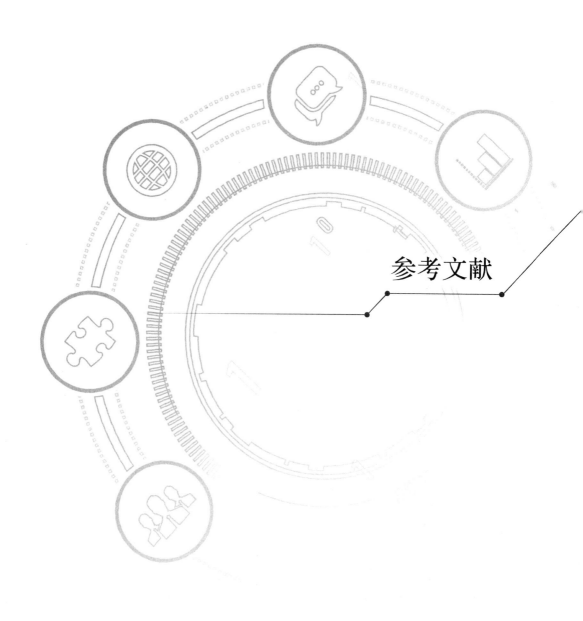

参考文献

［1］ 国务院. 国务院关于印发新一代人工智能发展规划的通知［EB/OL］. （2017－07－20）. https://www. gov. cn/zhengce/content/2017－07/20/content_5211996. htm.

［2］ 中华人民共和国教育部. 教育部关于印发《教育信息化 2.0 行动计划》的通知［EB/OL］.（2018－04－18）. http://www. moe. gov. cn/srcsite/A16/s3342/201804/t20180425_334188. html.

［3］ 陈向明. 质的研究方法与社会科学研究［M］. 北京：教育科学出版社，2000.

［4］ 董奇. 心理与教育研究方法［M］. 广州：广东教育出版社，1992.

［5］ 冯成志，贾凤芹. 社会科学统计软件 SPSS 教程［M］. 北京：清华大学出版社，2009.

［6］ 高惠璇. 应用多元统计分析［M］. 北京：北京大学出版社，2005.

［7］ 侯杰泰，温忠麟，成子娟. 结构方程模型及其应用［M］. 北京：教育科学出版社，2004.

［8］ 黄芳铭. 结构方程模式：理论与应用［M］. 北京：中国税务出版社，2005.

［9］ 黄希庭. 心理学导论［M］. 北京：人民教育出版社，1991.

［10］ 黄献加. 非人采访术［M］. 台北：秀威资讯科技股份有限公司，2012.

［11］ 李庆臻. 科学技术方法大辞典［M］. 北京：科学出版社，1999.

［12］ 林立甲. 基于数字技术的学习科学：理论、研究与实践［M］. 上海：华东师范大学，2016.

［13］ 迈耶. 多媒体学习［M］. 牛勇，邱香，译. 北京：商务印书馆，2006.

［14］ 潘世尊. 教育行动研究：理论、实践与反省［M］. 台北：心理出版社股份有限公司，2005.

［15］ 邱皓政，林碧芳. 结构方程模型的原理与应用［M］. 北京：中国轻工业出版社，2009.

［16］ 邱皓政. 结构方程模式——LISREL 的理论、技术与应用［M］. 台北：双叶书廊有限公司，2005.

[17] 苛费尔，布林克曼. 质性研究访谈[M]. 范丽恒,译. 北京：世界图书出版公司北京公司, 2013.

[18] 王卫东. 结构方程模型原理与应用[M]. 北京：中国人民大学出版社, 2009.

[19] 吴明隆. 结构方程模型：AMOS 的操作与应用（第二版）[M]. 重庆：重庆大学出版社, 2010.

[20] 吴明隆. 结构方程模型：AMOS 的操作与应用[M]. 重庆：重庆大学出版社, 2009.

[21] 中华人民共和国教育部. 义务教育科学课程标准（2022 年版）[M]. 北京：北京师范大学出版社, 2022.

[22] 白成杰，曹娟. e-Learning 环境中学习者认知负荷的测量[J]. 电化教育研究, 2011(5): 32-35,48.

[23] 曹培杰. 中小学生信息化教学的学习体验调查[J]. 中国电化教育, 2014(9): 24-28.

[24] 陈巧芬. 认知负荷理论及其发展[J]. 现代教育技术, 2007,17(9): 16-19,15.

[25] 陈向明. 扎根理论的思路和方法[J]. 教育研究与实验, 1999(4): 58-63,73.

[26] 陈向明. 扎根理论在中国教育研究中的运用探索[J]. 北京大学教育评论, 2015, 13(1): 2-15,188.

[27] 陈志平，汤重熹. 智慧教育：培养创新人才的关键——广州大学艺术设计系教学模式的启示[J]. 广州大学学报（综合版）, 2000, 14(2): 34-38.

[28] 崔宁，方媛. 论网络学习环境下学习者认知负荷影响因素及优化策略[J]. 软件导刊·教育技术, 2015, 14(9): 19-22.

[29] 丁道群，罗扬眉. 认知风格和信息呈现方式对学习者认知负荷的影响[J]. 心理学探新, 2009, 29(3): 37-40,68.

[30] 付道明. 泛在学习系统中认知负荷的产生及其优化控制[J]. 中国电

化教育, 2015(3): 97-102, 133.

[31] 高维平. 基于认知负荷理论的高中生物有效教学策略研究[J]. 中学课程资源, 2019(9): 31-33.

[32] 高媛, 黄真真, 李冀红, 等. 智慧学习环境中的认知负荷问题[J]. 开放教育研究, 2017, 23(1): 56-64.

[33] 郭衍, 曹一鸣. 学习动机对学习效果影响的深度解析——基于大规模学生调查的实证研究[J]. 教育科学研究, 2019(3): 62-67.

[34] 胡小勇, 朱龙. 数字聚合视野下的电子书包教学应用模式研究[J]. 中国电化教育, 2013(5): 66-72.

[35] 胡小勇, 朱龙. 智慧学习环境中的创造力培养实证研究[J]. 中国电化教育, 2017(6): 11-16.

[36] 焕彩熙, 范梅里恩伯尔, 帕斯. 物理环境对认知负荷和学习的影响: 认知负荷新模型探讨[J]. 熊媛, 译. 开放教育研究, 2018, 24(1): 54-67.

[37] 黄荣怀, 胡永斌, 杨俊锋, 等. 智慧教室的概念及特征[J]. 开放教育研究, 2012, 18(2): 22-27.

[38] 黄荣怀, 杨俊锋, 胡永斌. 从数字学习环境到智慧学习环境——学习环境的变革与趋势[J]. 开放教育研究, 2012, 18(1): 75-84.

[39] 黄荣怀. 智慧教育的三重境界: 从环境、模式到体制[J]. 现代远程教育研究, 2014(6): 3-11.

[40] 姜强, 赵蔚, 王朋娇. 基于网络学习行为模式挖掘的用户学习风格模型建构研究[J]. 电化教育研究, 2012, 33(11): 55-61.

[41] 蒋维西. 基础教育阶段学生课堂问题行为的管理困境与突破[J]. 基础教育研究, 2017(13): 46-49.

[42] 蒋文君, 包洪娟, 杨振, 等. 情绪设计和呈现方式对多媒体学习的影响——行为和眼动研究[J]. 教育现代化, 2019, 6(45): 273-278.

[43] 赖日生, 曾晓青, 陈美荣. 从认知负荷理论看教学设计[J]. 江西教育学院学报(社会科学), 2005, 26(1): 52-55, 63.

[44] 李红梅. 素质教育、智慧教育与应试教育[J]. 黑龙江高教研究, 2004 (1): 10-12.

[45] 李金波, 许百华. 人机交互过程中认知负荷的综合测评方法[J]. 心理学报, 2009, 41(1): 35-43.

[46] 李金波. E-learning 环境下学习者自我效能对认知负荷的影响[J]. 现代远距离教育, 2009(4): 39-41.

[47] 刘玉玲, 宋孝忠. 现代教育改革的走向——智慧教育[J]. 教育理论与实践, 2005, 25(4): 4-6.

[48] 卢海军, 秦晓文. 虚拟仿真实验应用于物理教学的策略[J]. 教育与装备研究, 2020, 36(12): 26-28.

[49] 任少铎. 智慧课堂在初中物理习题课中的实践与思考——以期中考卷的讲解课为例[J]. 中国现代教育装备, 2019(18): 34-35.

[50] 孙力, 张婷. 网络教育中个性化学习者模型的设计与分析[J]. 远程教育杂志, 2017, 35(3): 93-101.

[51] 汪明, 曹道平. 基于认知负荷理论的有效教学设计研究[J]. 现代教育技术, 2013, 23(5): 16-19.

[52] 王春玲, 崔伟. 智慧课堂下初中数学教学模式的实践探究[J]. 中国校外教育, 2019(31): 131,133.

[53] 王红艳, 皮忠玲, 黄秀莉, 等. 数字学习资源中线索类型对学习效果的影响[J]. 中国远程教育, 2019(9): 43-52,92.

[54] 王晓明. 钟晓流:从九方面解析智慧教育体系架构[J]. 中国教育信息化, 2015(1): 39-40.

[55] 王雪, 王志军, 付婷婷, 等. 多媒体课件中文本内容线索设计规则的眼动实验研究[J]. 中国电化教育, 2015(5): 99-104,117.

[56] 王宇, 汪琼. 慕课环境下的真实学习设计:基于情境认知的视角[J]. 中国远程教育, 2018(3): 5-13,79.

[57] 王志军, 陈丽. 联通主义学习理论及其最新进展[J]. 开放教育研究, 2014, 20(5): 11-28.

［58］徐光涛，周子祎，叶晶双. 乡村教师技术应用影响因素的扎根理论研究［J］. 开放教育研究，2020，26(3)：111-119.

［59］杨俊锋. 技术促进学习的课堂环境评测与优化［J］. 电化教育研究，2016，37(12)：99-105.

［60］杨鑫，解月光，苟睿，等. 智慧课堂模型构建的实证研究［J］. 中国电化教育，2020(9)：50-57.

［61］杨鑫，解月光，赵可云，等. 校长信息化教学领导力模型构建及发展途径［J］. 现代远程教育研究，2018(4)：34-40,48.

［62］张慧，张定文，黄荣怀. 智能教育时代认知负荷理论发展、应用与展望——"第十一届国际认知负荷理论大会"综述［J］. 现代远程教育研究，2018(6)：37-44.

［63］张凯，杨再明. 智慧教室的构建与应用研究——以中国矿业大学为例［J］. 现代教育技术，2018，28(10)：81-86.

［64］张立新，张丽霞. 论先行组织者教学技术［J］. 电化教育研究，1998(5)：122-125.

［65］张亚珍，张宝辉，韩云霞. 国内外智慧教室研究评论及展望［J］. 开放教育研究，2014，20(1)：81-91.

［66］张屹，白清玉，李晓艳，等. 基于APT教学模型的移动学习对学生学习兴趣与成绩的影响研究——以小学数学"扇形统计图"为例［J］. 中国电化教育，2016(1)：26-33.

［67］张屹，董学敏，白清玉，等. 智慧教室环境下学生的探究参与度研究——以"食物在体内的旅行"为例［J］. 电化教育研究，2018，39(5)：86-92.

［68］张屹，祝园，白清玉，等. 智慧教室环境下小学数学课堂教学互动行为特征研究［J］. 中国电化教育，2016(6)：43-48,64.

［69］张永波. 智慧教育伦理观的建构机理研究［J］. 中国电化教育，2020(3)：49-55,92.

［70］张悦. 论联通主义的学习理论及其慕课模式［J］. 齐齐哈尔大学学报

（哲学社会科学版），2015（8）：184-185，188.

[71] 钟丽佳，盛群力. 如何调控认知负荷"最优化"：发展综合认知能力——访谈国际著名认知科学家弗莱德·帕斯[J]. 现代远程教育研究，2017（4）：3-10.

[72] 祝智庭，贺斌. 智慧教育：教育信息化的新境界[J]. 电化教育研究，2012，33（12）：5-13.

[73] 陈卫东. 教育技术学视野下的未来课堂研究[D]. 上海：华东师范大学，2012.

[74] 杜晨光. 高中生场认知风格对结构不良物理信息题解决的影响——基于眼动的研究[D]. 开封：河南大学，2014.

[75] 樊雅琴. 初中生个性化学习影响因素与促进策略研究[D]. 长春：东北师范大学，2019.

[76] 冯小燕. 促进学习投入的移动学习资源画面设计研究[D]. 天津：天津师范大学，2018.

[77] 龚德英. 多媒体学习中认知负荷的优化控制[D]. 重庆：西南大学，2009.

[78] 贺斌. 智慧教育视域中差异化教学模式研究[D]. 上海：华东师范大学，2018.

[79] 黄鑫睿. 智慧教室环境下小学生课堂学习投入度及影响因素研究[D]. 武汉：华中师范大学，2016.

[80] 李欢欢. 字幕类型与认知风格对不同知识类型教学视频学习的影响[D]. 武汉：华中师范大学，2018.

[81] 李丽芳. 虚拟实验在初中物理实验教学中的应用研究[D]. 南昌：南昌大学，2017.

[82] 魏婷. 教育游戏参与者行为意向影响因素模型与实证研究[D]. 南京：南京师范大学，2011.

[83] 温小勇. 教育图文融合设计规则的构建研究[D]. 天津：天津师范大学，2017.

[84] 赵俊峰. 中学生学习过程中认知负荷的现状及其影响因素[D]. 北京: 北京师范大学, 2007.

[85] 祖丽哈也提·艾合买提. 不同的样例呈现方式对八九年级学生最值学习的影响研究[D]. 乌鲁木齐: 新疆师范大学, 2022.

[86] ATWOOD M E, POLSON P G. A process model for water jug problems [J]. Cognitive Psychology, 1976, 8(2): 191-216.

[87] BADDELEY A. Working memory[J]. Science, 1992, 255(5044): 556-559.

[88] BAGGETT P. Role of temporal overlap of visual and auditory material in forming dual media associations[J]. Journal of Educational Psychology, 1984, 76(3): 408-417.

[89] BEATTY J. Task-evoked pupillary responses, processing load, and the structure of processing resources[J]. Psychological Bulletin, 1982, 91(2): 276-292.

[90] BODEMER D, FAUST U. External and mental referencing of multiple representations[J]. Computers in Human Behavior, 2006, 22(1): 27-42.

[91] BOYATZIS R E. The competent manager: A model for effective performance[M]. US: John Wiley and Sons, 1982.

[92] BROWNE M W, CUDECK R. Alternative ways of assessing model fit [M]//BOLLEN K A, LONG J S. Testing structural equation models. Newbury Park: CA Sage, 1993.

[93] BRUNKEN R, PLASS J L, LEUTNER D. Direct measurement of cognitive load in multimedia learning[J]. Educational Psychologist, 2003, 38(1): 53-61.

[94] BYBEE R W. The BSCS 5E instructional model: Personal reflections and contemporary implications[J]. Science and Children, 2014, 51(8): 10-13.

[95] BYRNE B M. Structural equation modeling with EQS and EQS/ WINDOWS: Basic concepts, applications, and programming[M]. CA: Sage Publication, Inc. , 1994.

[96] CARLSON R, CHANDLER P, SWELLER J. Learning and understanding science instructional material[J]. Journal of Educational Psychology, 2003, 95(3): 629-640.

[97] CHAN F M. Developing Information Literacy in the Malaysian Smart Schools: Resource-Based Learning as a Tool to Prepare Today's Students for Tomorrow's Society[C]. Proceedings of the 31st Annual Conference of the International Association of School Librarianship. Seattle: WA, IASL, 2002.

[98] CHANDLER P, SWELLER J. Cognitive load theory and the format of instruction[J]. Cognition and Instruction, 1991, 8(4): 293-332.

[99] CHANDLER P, SWELLER J. Cognitive load while learning to use a computer program[J]. Applied Cognitive Psychology, 1996, 10(2): 151-170.

[100] CHOI H H, VAN MERRIËNBOER J J G, PAAS F. Effects of the physical environment on cognitive load and learning: towards a new model of cognitive load[J]. Educational Psychology Review, 2014, 26(2): 225-244.

[101] CHU H C. Potential negative effects of mobile learning on students' learning achievement and cognitive load—A format assessment perspective [J]. Journal of Educational Technology and Society, 2014, 17(1): 332-344.

[102] CLARK J M, PAIVIO A. Dual coding theory and education[J]. Educational Psychology Review, 1991, 3(3):149-210.

[103] CLARKE T, AYRES P, SWELLER J. The impact of sequencing and prior knowledge on learning mathematics through spreadsheet applications[J].

Educational Technology Research and Development, 2005, 53 (3):
15-24.

[104] DANIELSON D R. Web navigation and the behavioral effects of constantly
visible site maps [J]. Interacting with Computers, 2002, 14 (5):
601-618.

[105] DESTEFANO D, LEFEVRE J A. Cognitive load in hypertext reading: A
review[J]. Computers in Human Behavior, 2007,23(3):1616-1641.

[106] DEEGAN R. Complex mobile learning that adapts to learners' cognitive
load[J]. International Journal of Mobile and Blended Learning, 2015,7
(1): 13-24.

[107] DESTEFANO D, LEFEVRE J A. Cognitive load in hypertext reading: A
review[J]. Computers in Human Behavior, 2007, 23(3): 1616-1641.

[108] DIAO Y L, SWELLER J. Redundancy in foreign language reading
comprehension instruction: Concurrent written and spoken presentations
[J]. Learning and Instruction, 2007, 17(1): 78-88.

[109] DIONISIO D P, GRANHOLM E, HILLIX W A, et al. Differentiation of
deception using pupillary responses as an index of cognitive processing
[J]. Psychophysiology, 2001, 38(2): 205-211.

[110] DUTKE S, RINCK M. Multimedia learning: Working memory and the
learning of word and picture diagrams [J]. Learning and Instruction,
2006, 16(6): 526-537.

[111] ETTEMA J H, ZIELHUIS R L. Physiological parameters of mental load
[J]. Ergonomics, 1971, 14(1): 137-144.

[112] FLYVBJERG B. Case study [M]//DENZIN N K, LINCOLN Y S.
Handbook of qualitative research (4th ed). Thousang Oaks, CA:
Sage, 2011.

[113] FORNELL C G, BOOKSTEIN F L. Two structural equation models:
LISREL and PLS applied to consumer exit-voice theory [J]. Journal of

Marketing Research, 2001, 19(4): 440-452.

[114]FULLAN M, LANGWORTHY M. A rich seam: How new pedagogies find deep learning[M]. London: Pearson, 2014.

[115]GALY E, CARIOU M, MÉLAN C. What is the relationship between mental workload factors and cognitive load types? [J]. International Journal of Psychophysiology, 2012, 83(3): 269-275.

[116]GERJETS P, SCHEITER K, CATRAMBONE R. Can learning from molar and modular worked examples be enhanced by providing instructional explanations and prompting self-explanations? [J]. Learning and Instruction, 2006, 16(2): 104-121.

[117]VAN GOG T, KESTER L, PAAS F. Effects of worked examples, example-problem, and problem-example pairs on novices' learning[J]. Contemporary Educational Psychology, 2011, 36(3): 212-218.

[118]VAN GOG T, PAAS F. Instructional efficiency: Revisiting the original construct in educational research[J]. Educational Psychologist, 2008, 43(1): 16-26.

[119]GRIGORENKO E L, STERNBERG R J. Thinking style[M]. New York: Springer, 1995.

[120]GROS B. The design of smart educational environments [J]. Smart Learning Environments, 2016, 3: 1-11.

[121]HAND D J. Handbook of Partial Least Squares: Concepts, Methods and Applications by Vincenzo Esposito Vinzi, Wynne W. Chin, Jörg Henseler, Huiwen Wang[J]. International Statistical Review, 2012, 80(3): 488-489.

[122]HART S G, STAVELAND L E. Development of NASA-TLX (Task Load Index): Results of empirical and theoretical research[J]. Advances in Psychology, 1988,52: 139-183.

[123]HEGARTY M. Dynamic visualizations and learning: Getting to the

difficult questions［J］. Learning and Instruction, 2004, 14（3）: 343-351.

［124］HILL S G, IAVECCHIA H P, BYERS J C, et al. Comparison of four subjective workload rating scales［J］. Human Factors, 1992, 34（4）: 429-439.

［125］HINDRIANA A. The development of biology practicum learning based on vee diagram for reducing student cognitive load［J］. Journal of Education, Teaching and Learning, 2016,1（2）, 61-65.

［126］HWANG G J, YANG L H, WANG S Y. A concept map-embedded educational computer game for improving students' learning performance in natural science courses［J］. Computers & Education, 2013, 69: 121-130.

［127］HYÖNÄ J, TOMMOLA J, ALAJA A M. Pupil dilation as a measure of processing load in simultaneous interpretation and other language tasks ［J］. The Quarterly Journal of Experimental Psychology, 1995, 48（3）: 598-612.

［128］JAECHOON J, LIM H. A study on effectiveness of Smart Classrooms through interaction analysis［J］. Advanced Science Letters, 2015, 21 （3）: 557-561.

［129］JARODZKA H, VAN GOG T, DORR M, et al. Learning to see: Guiding students' attention via a model's eye movements fosters learning［J］. Learning and Instruction, 2013, 25: 62-70.

［130］JENA P C. Effect of smart classroom learning environment on academic achievement of rural high achievers and low achievers in science［J］. International Letters of Social and Humanistic Sciences, 2013（3）: 1-9.

［131］JUST M A, CARPENTER P A. Eye fixations and cognitive processes ［J］. Cognitive Psychology, 1976, 8（4）: 441-480.

［132］KAHNEMAN D. Attention and effort［M］. Englewood Cliffs, NJ:

Prentice-Hall, 1973.

[133]KAISER H F, RICE J. Little jiffy, mark IV [J]. Educational Psychological Measurement, 1974, 34(1): 111-117.

[134]KIM S, SONG S M, YOON Y I. Smart learning services based on smart cloud computing[J]. Sensors, 2011, 11(8): 7835-7850.

[135]KIRSCHNER F, PAAS F, KIRSCHNER P A. A Cognitive Load Approach to Collaborative Learning: United Brains for Complex Tasks[J]. Educational Psychology Review, 2009, 21(1): 31-42.

[136]KIRSCHNER P A. Cognitive load theory: Implications of cognitive load theory on the design of learning[J]. Learning and Instruction, 2002, 12 (1): 1-10.

[137]KLEPSCH M, SCHMITZ F, SEUFERT T. Development and Validation of Two Instruments Measuring Intrinsic, Extraneous, and Germane Cognitive Load[J]. Frontiers in Psychology, 2017, 8: 1-18.

[138] KLINE R B. Principles and practice of structural equation modeling [M]. New York: The Guilford Press, 1998.

[139]KOPER R. Conditions for effective smart learning environments [J]. Smart Learning Environments, 2014, 1(5): 1-17.

[140]KVALE S. Validity in the qualitative research interview[J]. Psykologisk Skriftserie Aarhus, 1987, 12(1): 68-104.

[141]LEAHY W, SWELLER J. Interactions among the imagination, expertise reversal, and element interactivity effects[J]. Journal of Experimental Psychology: Applied, 2005, 11(4): 266-276.

[142]LEE H, PLASS J L, HOMER B D. Optimizing cognitive load for learning from computer-based science simulations [J]. Journal of Educational Psychology, 2006, 98(4): 902-913.

[143]LEPPINK J, PAAS F, VAN DER VLEUTEN C P M, et al. Development of an instrument for measuring different types of cognitive load [J].

Behavior Research Methods, 2013, 45(4): 1058-1072.

[144] LIN L J, LEE C H, KALYUGA S, et al. The Effect of Learner-Generated Drawing and Imagination in Comprehending a Science Text[J]. The Journal of Experimental Education, 2017, 85(1): 142-154.

[145] LIU H C, LAI M L, CHUANG H H. Using eye-tracking technology to investigate the redundant effect of multimedia web pages on viewers' cognitive processes[J]. Computers in Human Behavior, 2011, 27(6): 2410-2417.

[146] LOMBARDO T, BLACKWOOD R T. Educating the wise cyborg of the future[J]. On the Horizon, 2011, 19(2): 85-96.

[147] MAXWELL J A. Qualitative research design: an interactive approach [M]. Thousang Oaks, CA: Sage, 2013.

[148] MAYER R E, HEISER J, LONN S. Cognitive Constraints on Multimedia Learning: When Presenting More Material Results in Less Understanding [J]. Journal of Educational Psychology, 2001, 93(1): 187-198.

[149] MAYER R E, MORENO R. Aids to computer-based multimedia learning [J]. Learning and Instruction, 2002, 12(1): 107-119.

[150] MAYER R E, STULL A, DE LEEUW K, et al. Clickers in college classrooms: Fostering learning with questioning methods in large lecture classes [J]. Contemporary Educational Psychology, 2009, 34(1): 51-57.

[151] MAYER R E. Cognitive Theory of Multimedia Learning[M]//MAYER R E. The Cambridge Handbook of Multimedia Learning. Cambridge: Cambridge University Press, 2014.

[152] MAYER R E. Cognitive theory of multimedia learning[M]//MAYER R E. The Cambridge Handbook of Multimedia Learning. Cambridge: Cambridge University Press, 2005.

[153] MAYER R E. Learning strategies for making sense out of expository text:

the SOI model for guiding three cognitive processes in knowledge construction [J]. Educational Psychology Review, 1996, 8 (4): 357-371.

[154]MAYER R E. Multimedia aids to problem-solving transfer [J]. International Journal of Educational Research, 1999, 31(7): 611-623.

[155] MAYER-SCHÖNBERGER V, CUKIER K. Big data: A revolution that will transform how we live, work, and think [M]. Boston: Houghton Mifflin Harcourt, 2013.

[156]MENON A, PRINCIPAL D, AMRITSAR P. Effectiveness of smart classroom teaching on the achievement in Chemistry of secondary school students[J]. American International Journal of Research in Humanities, Arts and Social Sciences, 2015, 9(2): 115-120.

[157]MILES M B, HUBERMAN A M, SALDANA J. Qualitative data analysis: A methods sourcebook[M]. Newcastle: Sage, 2013.

[158]MILLER G A. The magical number seven, plus or minus two: Some limits on our capacity for processing information[J]. Psychological Review, 1956, 63(2): 81-97.

[159]MORENO R, MAYER R E. A coherence effect in multimedia learning: The case for minimizing irrelevant sounds in the design of multimedia instructional messages[J]. Journal of Educational Psychology, 2000, 92 (1): 117-125.

[160] MORENO R. Decreasing cognitive load for novice students: Effects of explanatory versus corrective feedback in discovery-based multimedia[J]. Instructional science, 2004, 32(1/2): 99-113.

[161]MOUSTAKI I, JÖRESKOG K G , MAVRIDIS D. Factor Models for Ordinal Variables With Covariate Effects on the Manifest and Latent Variables: A Comparison of LISREL and IRT Approaches[J]. Structural Equation Modeling A Multidisciplinary Journal, 2004, 11(4): 487-513.

[162]NAIDU V R, SINGH B, HASAN R, et al. Learning Analytics for Smart Classrooms in Higher Education[J]. IJAEDU-International E-Journal of Advances in Education, 2017, 3(8): 356-362.

[163]NGU B H, CHUNG S F, YEUNG A S. Cognitive load in algebra: element interactivity in solving equations[J]. Educational Psychology, 2015, 35 (3): 271-293.

[164]NUNNALLY J C, BERNSTEIN I H. Psychometric Theory[M]. 3rd ed. New York, NY: McGraw-Hill, Inc. , 1994.

[165]NYGREN T E. Psychometric properties of subjective workload measurement techniques: Implications for their use in the assessment of perceived mental workload[J]. Human Factors, 1991, 33(1): 17-33.

[166]SCHULTHEISS O C, BRUNSTEIN J C. Assessment of Implicit Motives With a Research Version of the TAT: Picture Profiles, Gender Differences, an Relations to Other Personality Measures[[J]. Journal of Personality Assessment, 2001, 77(1): 71-86.

[167]PAAS F G W C, VAN MERRIËNBOER J J G, ADAM J J. Measurement of cognitive load in instructional research [J]. Perceptual and Motor Skills, 1994, 79(1): 419-430.

[168]PAAS F G, VAN MERRIËNBOER J J. Instructional control of cognitive load in the training of complex cognitive tasks[J]. Educational Psychology Review, 1994, 6(4): 351-371.

[169]PAAS F G, VAN MERRIËNBOER J J. Variability of worked examples and transfer of geometrical problem-solving skills: A cognitive-load approach [J]. Journal of Educational Psychology, 1994, 86 (1): 122-133.

[170]PAAS F, RENKL A, SWELLER J. Cognitive load theory and instructional design: Recent developments [J]. Educational Psychologist, 2003, 38 (1): 1-4.

[171] PAAS F, TUOVINEN J E, TABBERS H, et al. Cognitive Load Measurement as a Means to Advance Cognitive Load Theory [J]. Educational Psychologist, 2003, 38(1): 63-71.

[172] PAAS F G W C. Training Strategies for Attaining Transfer of Problem-Solving Skill in Statistics: A Cognitive-Load Approach [J]. Journal of Educational Psychology, 1992, 84(4): 429-434.

[173] PAIVIO A. Mental representations: a dual coding approach [M]. Oxford, UK: Oxford University Press, 1986.

[174] POLANY I M. Personal Knowledge: Towards a post-critical philosophy [M]. London Routledge, 1958.

[175] POLLOCK E, CHANDLER P, SWELLER J. Assimilating complex information [J]. Learning and Instruction, 2002, 12(1): 61-86.

[176] AL-QIRIM N. Smart board technology success in tertiary institutions: The case of the UAE University [J]. Education Information Technologies, 2016, 21(2): 265-281.

[177] REISSLEIN J, ATKINSON R K, SEELING P, et al. Encountering the expertise reversal effect with a computer-based environment on electrical circuit analysis [J]. Learning and Instruction, 2006, 16(2): 92-103.

[178] RENKL A, ATKINSON R K, GROBE C S. How fading worked solution steps works - A cognitive load perspective [J]. Instructional Science, 2004, 32(1/2): 59-82.

[179] RIDING R J, GLASS A, BUTLER S R, et al. Cognitive style and individual differences in EEG alpha during information processing [J]. Educational Psychology, 1997, 17(1/2): 219-234.

[180] RIDING R, CHEEMA I. Cognitive styles: an overview and integration [J]. Educational Psychology, 1991, 11(3/4): 193-215.

[181] RIGDON E E. A necessary and sufficient identification rule for structural models estimated in practice [J]. Multivariate Behavioral Research, 1995,

30(3):359-383.

[182]RITCHIE J, LEWIS J, NICHOLLS C M, et al. Qualitative research practice: A guide for social science students and researchers [M]. Newcastle: Sage, 2013.

[183]RYAN R M. Control and information in the intrapersonal sphere: An extension of cognitive evaluation theory[J]. Journal of Personality and Social Psychology, 1982, 43(3): 450-461.

[184]SCHWAN S, RIEMPP R. The cognitive benefits of interactive videos: Learning to tie nautical knots[J]. Learning and Instruction, 2004, 14 (3): 293-305.

[185]SCOTT K, BENLAMRI R. Context-aware services for smart learning spaces[J]. IEEE Transactions on Learning Technologies, 2010, 3(3): 214-227.

[186]SCOTT E. The Measurement of Information Systems Effectiveness: Evaluating a Measuring Instrument[J]. Acm Sigmis Database, 1995, 26 (1): 43-61.

[187]SEVINDIK T. Future's learning environments in health education: The effects of smart classrooms on the academic achievements of the students at health college[J]. Telematics and Informatics, 2010, 27(3): 314-322.

[188]SEYAL A H, RAHMAN M N A, RAHIM M M. Determinants of academic use of the Internet: a structural equation mode [J]. Behaviour and Information Technology, 2002, 21(1): 71-86.

[189]SIEMENS, G. Connectivism: A learning theory for the digital age[J]. International Journal of Instructional Technology and Distance Learning, 2005, 2(1): 3-10.

[190]SILVERMAN D. Qualitative research[M]. Newcastle: Sage, 2016.

[191]SPECTOR J M. Conceptualizing the emerging field of smart learning environments[J]. Smart Learning Environments, 2014, 1: 1-10.

[192]STERNBERG R J. Four Alternative Futures for Education in the United States: It's Our Choice[J]. School Psychology Quarterly, 2003, 18(4): 431-445.

[193]STERNBERG R J. Why schools should teach for wisdom: The balance theory of wisdom in educational settings[J]. Educational Psychologist, 2001, 36(4): 227-245.

[194]STRAYER J F. How learning in an inverted classroom influences cooperation, innovation and task orientation[J]. Learning Environments Research, 2012, 15(2): 171-193.

[195]SWELLER J, CHANDLER P. Why some material is difficult to learn[J]. Cognition and Instruction, 1994, 12(3): 185-233.

[196]SWELLER J, VAN MERRIENBOER J J G, PASS F. Cognitive architecture and instructional design[J]. Educational Psychology Review, 1998, 10(3): 251-296.

[197]SWELLER J. Cognitive load during problem solving: Effects on learning [J]. Cognitive Science, 1988, 12(2): 257-285.

[198] SWELLER J. Cognitive load theory, learning difficulty, and instructional design[J]. Learning and Instruction, 1994, 4(4): 295-312.

[199]SWELLER J. Element Interactivity and Intrinsic, Extraneous, and Germane Cognitive Load[J]. Educational Psychology Review, 2010, 22 (2): 123-138.

[200]SWELLER J. Evolution of human cognitive architecture [J]. The Psychology of Learning and Motivation: Advances in research and theory, 2003, 43:215-266.

[201] PASS F, SWELLER J. Implications of cognitive load theory for multimedia learning [M]//MAYER R E. The Cambridge handbook of multimedia learning. Cambridge, MA: Cambridge University Press, 2014.

[202] TABACHNICK B G, FIDELL L S. Using multivariate statistics[M]. 5th ed. Boston, MA: Pearson, 2007.

[203] TARMIZI R A, SWELLER J. Guidance During Mathematical Problem Solving[J]. Journal of Educational Psychology, 1988, 80(4): 424-436.

[204] VAN MERRIËNBOER J J, SWELLER J. Cognitive load theory and complex learning: Recent developments and future directions [J]. Educational Psychology Review, 2005, 17(2): 147-177.

[205] WANG Q Z, YANG S, LIU M L, et al. An eye-tracking study of website complexity from cognitive load perspective[J]. Decision Support Systems, 2014, 62: 1-10.

[206] WITKIN H A, GOODENOUGH D R. Field dependence and interpersonal behavior[J]. Psychological Bulletin, 1977, 84(4): 661-689.

[207] WITTROCK M C. Generative processes of comprehension [J]. Educational Psychologist, 1989, 24(4): 345-376.

[208] YOUNG M F. Instructional design for situated learning[J]. Educational Technology Research and Development, 1993, 41(1): 43-58.

[209] YOUNG M S, BROOKHUIS K A, WICKENS C D, et al. State of science: mental workload in ergonomics[J]. Ergonomics, 2014, 58(1): 1-17.

[210] ZHU Z T, YU M H, RIEZEBOS P. A research framework of smart education[J]. Smart Learning Environments, 2016, 3(1): 1-17.

[211] ZUMBACH J, MOHRAZ M. Cognitive load in hypermedia reading comprehension: Influence of text type and linearity [J]. Computers in Human Behavior, 2008, 24(3): 875-887.

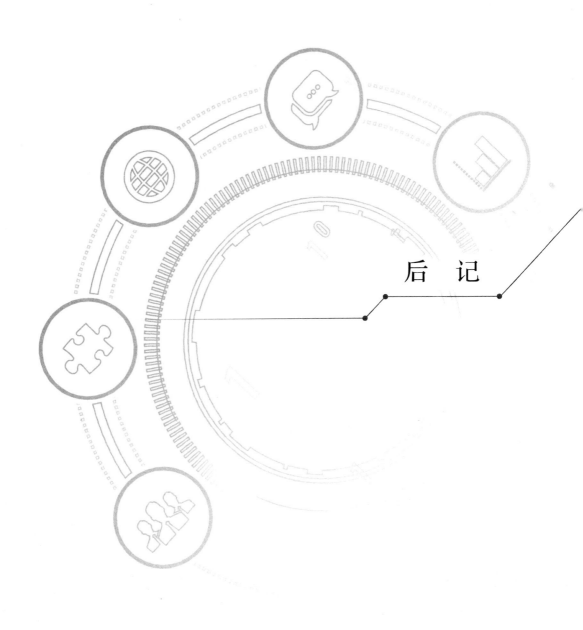

后　记

智慧学习环境下学习者认知负荷影响因素与优化控制策略

　　智慧教育是教育信息化领域的热点话题,学者们一直笔耕不辍地探寻到底什么是智慧教育,智慧教育给教学带来了哪些质的改变,什么样的物理环境可以称为智慧学习环境,智慧学习环境中的软硬件设备应当被怎样高效利用。这些问题多年来同样牵绊着我的思绪。我时常思考:我该怎么为教师、学生提供帮助,才能将智慧教育的价值发挥到最大? 我该寻找怎样的切入点,试图去探寻智慧学习环境中独有的特征,并以此提高智慧教学的效率? 有了这些初步的疑问以后,我每天阅读大量的文献,翻阅教学案例,经常到中学的智慧课堂中去听课,看学生的错题本,跟学生聊,跟老师聊,跟校长聊,跟厂商聊,渐渐地我开始意识到智慧学习环境比传统学习环境复杂得多,我们在思考它给课堂带来利好的同时,更应该探寻这种复杂性是否给学生带来了额外的负担,但起初我并不知这种额外的负担应该用什么指标来衡量。非常幸运的是,同组的尤洋学长一直致力于认知负荷的相关研究,我从与他的交谈中第一次接触到了认知负荷这个概念。当我了解到认知负荷从人的认知资源和认知容量切入,从学习者自身、外部物理环境、教学设计、学习材料、动机等因素衡量当前的学习效果,它是衡量学习效果的重要指标,此时我很兴奋,我似乎探寻到了一个可以被放在智慧学习环境里反映智慧学习情况的量化指标。于是,我继续查阅文献,发现认知负荷领域的知名学者 Paas 曾指出,认知负荷与物理环境之间存在交互关系,验证某种特定的物理环境能够帮助学习者减少无效的认知负荷,从而取得更好的学习效果是重要课题。接着,我又发现传统学习环境中的认知负荷问题已经有了较为成熟的研究体系,随着信息技术的发展,学者们又对多媒体学习环境、网络学习环境、在线学习环境等认知负荷问题进行了探究,而智慧学习环境中的认知负荷问题还没有受到充分的关注,因此我找了方向,即探索智慧学习环境下学习者认知负荷的影响因素是什么,影响的路径和权重如何,如何优化控制,最后怎么运用提出的优化控制策略指导智慧课堂实践,最终达到提高智慧教学效果的目的。经过 5 年的不懈努力,研究成果形成了书稿,终于要与各位读者见面了。

在本书的完成过程中,我受到了许多人的无私帮助。首先,我要感谢我的博导王以宁教授,从开始策划选题到形成书稿,老师给了我宝贵的学术指导和精神财富。老师总是用一种极度自由的思想,让我慢慢去挖掘自己的研究兴趣,当我真正要把兴趣变成研究成果时,老师又会变得极为专业和严厉,有很多次我在老师办公室感受到自己的大脑在飞速转动以应对他对我的提问和质疑,到最后还是被问得后背发汗,但每经历这样一次过程,我的研究就更精致一些。研究过程中也遇到很多困难,无法确定合适的量表、实验仪器不好用、数据采集无效、实验设计推翻等等,每当我陷入现实的困境和精神的内耗时,老师都会给予我专业的改进意见和无限的精神力量,让我能够始终相信自己,相信自己的研究终能成型。感谢在实验过程中对我提供支持的所有学校,是你们无私的帮助让本书能够进展得更加顺利。感谢同门的尤洋师兄、刘冬萍师妹、崔宇路师弟,每每在我陷入研究瓶颈时,都能够与我热烈而真诚地讨论,帮助我寻找到推进研究的路径。

由于时间、人力等条件限制,本书仍然存在一些不足。例如,在实验过程中,由于眼动仪价格较高,我仅选取了具有代表性的学生对其进行眼动测试,未能一一测试;实验案例来源学校还存在广泛性不足的问题;影响因素抓取时主要考虑学习者主体。我会在后续研究中继续探索这些问题,望读者多多包涵、批评与指正。

最后,真诚地期望本书能够给智慧教育及认知负荷领域的研究者、一线教师、同学们带来一些帮助和启发,同时,吸引更多学者关注智慧教育,关注学习者的认知负荷问题,期待共同推进智慧教育发展,提高智慧教学效率。

王月

于北京